Martina Hartkemeyer
Margret Schütte

Von Prärieindianern, Räuberkindern

und einer glücklichen Kindheit

Für Tobias, Anna, Lena, Lisa,
Jens, Thorsten (†) und Bettina

Martina Hartkemeyer • Margret Schütte

Von Prärieindianern, Räuberkindern und einer

glücklichen Kindheit

Anregungen für Eltern, Großeltern, Onkel und Tanten

arbor
Arbor Verlag
Freiburg im Breisgau

1. Auflage 2013

Titelfoto: © Julia Hartkemeyer

Fotos im Innenteil: © Johannes, Tobias, Julia und Martina Hartkemeyer, Ernst Bögershausen (S. 96, 103)

Illustrationen im Innenteil: © bei den jeweiligen Künstlern

Wir danken den Verlagen und Rechteinhabern für die Erteilung der Abdruckgenehmigungen. Bei einigen Abbildungen war es trotz gründlicher Recherche nicht möglich, die Inhaber der Rechte ausfindig zu machen. Honoraransprüche bleiben bestehen.

Lektorat und Projektkoordination: Barbro Garenfeld

Satz und Layout: Franz-Josef Büning

Druck und Bindung: Westermann, Zwickau

Dieses Buch wurde auf 100 % Altpapier gedruckt und ist alterungsbeständig. Weitere Informationen über unser Umweltengagement finden Sie unter www.arbor-verlag.de/umwelt.

www.arbor-verlag.de

ISBN 978-3-86781-105-7

Vorwort

Dieses Buch ist ein Dialog-Buch besonderer Art.

Es ist im Dialog entstanden, über mehrere Jahre hinweg. Im Dialog am Küchentisch, bei gegenseitigen Besuchen, an vielen Wochenenden, an denen wir uns zurückgezogen haben, um unsere Fragen und Gedanken auszusprechen, auszutauschen und zu sortieren. Es baut auf unzähligen Gesprächen mit anderen Eltern, Freundinnen und Kollegen auf, mit denen wir gemeinsam gedacht und gelernt haben.

Und es möchte zum Dialog einladen: zum inneren Dialog anhand der Fragen, die Sie als Leser durch alle Kapitel hinweg begleiten werden und die Sie immer wieder einladen, – zum dialogischen Austausch mit Freundinnen und Partnern, um sich gemeinsam zu erinnern an das, was Ihnen als Kind gutgetan hat, woran Sie gewachsen sind, was Sie glücklich gemacht hat – und nicht zuletzt zum Dialog mit Ihren Kindern, die Ihnen wie niemand sonst die Augen öffnen und Sie vor neue Herausforderungen stellen.

Geschichten aus dem Leben und den Abenteuern verschiedener literarischer Helden sollen inspirieren, Mut machen, erheitern. So kann schon das Lesen dieses Buches eine kleine Glücksreise werden, denn meist kommt das Glück in kleinen Schritten in unseren Alltag, seltener mit einem einzigen großen Donnerknall.

Bramsche/Wallenhorst, September 2013

Martina Hartkemeyer Margret Schütte

Inhalt

Zwergenhöhlen

Atemlos erreichen die Kinder den Waldrand. Sie sind um die Wette gelaufen. Maria-Sophie, Rebecca und Claudia, schon im zweiten und dritten Schuljahr, warten auf die jüngeren Kinder. Anja-Grace, gerade in der ersten Klasse, kommt knapp hinter ihnen an, Jonah und Johanna, beide noch im Kindergarten, folgen dichtauf. Mit einigem Abstand laufen die Kleineren den Feldweg entlang. Ilian und Fion, Friedmut und Keno, drei und zwei Jahre, sind eifrig bemüht, die Größeren einzuholen.

Die schmieden schon Pläne und verteilen Aufgaben. „Wir bauen eine ganz schöne Zwergenhöhle!" „Da an dem Baum mit der großen Wurzel ist ein guter Platz." „Ich hole Äste für das Dach und du kannst Holz für die Wände suchen." „Wir brauchen auch Moos für die Betten und Gras zum Zudecken." Im Nu sind die Kinder ausgeschwärmt und suchen nach geeignetem Material. Riesige Rindenstücke werden herangeschleppt, zwischendurch abgelegt, um zu verschnaufen, und weiter über den Waldboden gezerrt. Zwei Kinder tragen einen großen, skurril gewachsenen Ast gemeinsam. Die Kleineren haben Moos und Gräser in den Händen, die sie neben dem ausgewählten Baum ablegen. „Wir bauen an dem Baum da hinten noch eine zweite Höhle, dann können sich die Zwerge auch mal besuchen." Erneut laufen die Kinder auseinander, holen weitere Äste heran, lehnen sie behutsam an den Baum und decken sie mit Rindenstücken ab. „In dieser Höhle ist nicht genug Platz, die Zwerge brauchen davor noch einen Garten." Kleine Hände verteilen sorgsam das gesammelte Moos zwischen Baumstamm und Ästen – in der Höhle und davor. Eine Weile begutachten sie ihr Werk. „Das finden die Zwerge bestimmt gut."

Die Großen sind zufrieden. Keno, der jüngste, ist inzwischen müde vom vielen Hin- und Herlaufen, er hat sich auf einem Baumstumpf niedergelassen, linken Daumen im Mund, rechte Hand am rechten Ohrläppchen. „Keno, bist du müde? Gleich kommt die Mama mit dem Bollerwagen, die bringt Obst und Kekse mit, und nachher kannst du im Wagen sitzen." „Ja!" Glücklich schaut er zu seiner Schwester auf.

Einladung

Es braucht nicht viel, damit Kinder ihrer Phantasie freien Lauf lassen können und eintauchen in ihre eigene selbst erschaffene Welt. Es braucht allerdings Raum und Zeit, diese inneren Bilder zu entwickeln.

Wo ist das heute möglich? Und wie war es früher möglich?

Eigene Erlebnisse fallen uns ein. Menschen, die uns Raum und Zeit gegeben haben, und Figuren aus der Literatur tauchen vor dem inneren Auge auf, die schon uns und unsere Kinder begleitet haben, und von denen wir heute Schülern und Enkeln vorlesen.

Die Titelfigur von Astrid Lindgrens „Ronja Räubertochter“ [1] ist so ein Mädchen, das frei und naturverbunden aufwächst und eigenständig und eigenwillig ist. Ronjas Mut und Selbstbewusstsein faszinieren uns, ihre Stärke und Klugheit beeindrucken. Ronja – ein mutiges und waches, neugieriges Mädchen – wächst als einziges Kind in einer Räuberbande auf. Sie genießt die Fürsorge ihrer Mutter Lovis und die Liebe ihres Vaters Mattis. Schon bald ist die Räuberburg zu eng für sie und Ronja beginnt, den Wald zu erkunden, Bäume und Bäche, Flüsse und Höhlen. Sie geht eigene Wege und schließt eigene Freundschaften – nicht immer zur Freude ihres Vaters.

In „Ronja Räubertochter“ spricht Astrid Lindgren alle Themen an, die uns wichtig erscheinen. Dies ist nicht nur ein Buch für Kinder, sondern auch für Erwachsene, besonders für junge Eltern, die sich mit Erziehungsfragen auseinandersetzen wollen. Was Astrid Lindgren beschreibt, engt in keiner Weise ein, sondern lässt viel Raum für eigene Gedanken und Vorstellungen. Wir wünschen besonders jungen Müttern viel von dem, was Lovis ausmacht: Sie strahlt als Mutter viel Souveränität und Gelassenheit aus und liebt ihre Tochter, ohne sie auf ein Podest zu heben. Sie gibt Ronja die Sicherheit, die sie braucht, um sich gut entwickeln zu können, lässt sie aber dann auch

---

[1] Astrid Lindgren: Ronja Räubertochter. Verlag Friedrich Oetinger GmbH. Hamburg 1982

laufen und traut und mutet ihr zu, mit Herausforderungen fertig zu werden. Ronja bekommt von ihren Eltern alles mit, was sie braucht, um so ein starkes und kluges Mädchen zu werden.

Des Weiteren wünschen wir allen jungen Eltern, dass sie Familien oder Freunde haben, die sich mit ihnen auf die Geburt ihrer Kinder freuen, so wie es die Räuberbande tut. Und Astrid Lingren lässt es zum Bruch zwischen Ronja und ihrem Vater kommen – besser kann das Thema Pubertät aus unserer Sicht kaum angesprochen werden. Und es entlastet, weil deutlich wird, dass es normal ist, wenn Kinder anfangen, sich von ihren Eltern abzugrenzen.

Ursula Wölfel hat in „Fliegender Stern" [2] eine tapfere, wagemutige und unabhängige Kindergestalt geschaffen. Im Leben der Prärieindianer gilt es, den Gefahren der Natur zu trotzen und Schmerzen, Hunger und Durst auszuhalten. Fliegender Stern und sein Freund Grasvogel lernen, geduldig zu sein, zu warten, bis sie groß genug sind,

[2] Ursula Wölfel: „Fliegender Stern" © by Thienemann Verlag (Thienemann Verlag GmbH), Stuttgart/Wien. www.thienemann.de

aus der Schar der Kleinen in den Kreis der Großen aufgenommen zu werden. Sie müssen bestimmte Fähigkeiten erst beherrschen, bevor dieser Schritt möglich wird. Fliegender Stern bricht alleine mit seinem Freund Grasvogel im Schutz der Dunkelheit auf, um zum gefürchteten weißen Mann zu reiten, dem sie eine wichtige Botschaft überbringen wollen. Er hat beides gelernt: zum einen Enttäuschungen und Schwierigkeiten auszuhalten und zum anderen einzustehen für das, was er als wichtig und richtig erachtet.

Ronja Räubertochter und Fliegender Stern finden ihren eigenen Weg ins Leben nach einer Zeit der Geborgenheit und Sicherheit im elterlichen Zuhause. Ihre Eltern geben ihnen zunächst den Rückhalt und dann die Freiheit, die ihnen ermöglicht, eine „eigene Gestalt" zu entwickeln, wie Rainer Maria Rilke sie wunderschön entwirft:

> [...] das Bewusstsein vorausgesetzt,
> daß auch zwischen den nächsten Menschen
> unendliche Fernen bestehen bleiben,
> kann ihnen ein wundervolles
> Nebeneinanderwohnen erwachsen,
> wenn es ihnen gelingt,
> die Weite zwischen sich zu lieben,
> die ihnen die Möglichkeit gibt,
> einander immer in ganzer Gestalt
> und vor einem großen Himmel zu sehen
>
> Rainer Maria Rilke [3]

Was lässt Kinder stark werden? Wie erkunden sie die Welt und wie können Eltern sie begleiten? Wie und wo sind andere Menschen dabei gefragt? Ronja Räubertochter und Fliegender Stern erleben unzählige Möglichkeiten, die Welt spielend zu entdecken, und dürfen dabei ihren eigenen Weg täglich neu finden. Fliegender Stern übernimmt selbst Verantwortung für seinen Stamm, traut sich und seinem Freund etwas zu, weil es ihm wichtig ist, einen Beitrag zum Leben des Stammes zu leisten.

---

[3] Rainer Maria Rilke: Brief an Emanuel von Bodman, 17.8.1901. http://www.rilke.de/briefe/170801.htm

- Welche unserer eigenen Kindheitserinnerungen sind mit der Freude am Kind-sein verknüpft, mit der überschäumenden Energie der Entdeckung neuer Möglichkeiten, dem Genuss, teilhaben zu können am spannenden Leben der Älteren, sich eingebunden und aufgehoben zu fühlen?
- Haben wir unsere Kinder, Schüler, Enkel bei einem Waldspaziergang jemals so anstrengend erlebt wie in der Stadt beim Einkaufen?

?

Lebensräume kinderfreundlich gestalten

Die Welt von Kindern und Jugendlichen hat sich in den letzten Jahrzehnten stärker verändert als zuvor. Begegnungen mit der Natur sind für viele Kinder heute nicht mehr selbstverständlich, sondern müssen bewusst ermöglicht werden. In dem Zusammenhang sprechen Neurologen in den USA und in Deutschland inzwischen sogar von einer *Natur-Defizit-Störung*. Seelische Erkrankungen wie Depression und Selbstverletzung haben bei Kindern und Jugendlichen zu-

genommen. Wenn wir unseren Kindern einen guten Start ins Leben ermöglichen wollen, ist es wichtig, dass wir uns damit auseinandersetzen, unter welchen Bedingungen Kinder und Jugendliche heute aufwachsen und wo Eltern Hilfestellung leisten können.

Der Leistungsdruck ist immer größer geworden. Viele Eltern wollen, dass ihre Kinder im Wettbewerb um gute Schulnoten und Studienplätze, Arbeitsstellen und Karriere wie es oft heißt *ganz vorne mitlaufen*. Sie tun viel dafür, ihren Kindern gute Startchancen zu verschaffen. Dabei besteht jedoch die Gefahr, dass wir unsere Kinder aus dem Blick verlieren und ihnen ihre Kindheit durch Überplanung stehlen. Und, so der Kinder- und Familientherapeut Wolfgang Bergmann: „Ich verrate Ihnen ein Geheimnis, das seit ungefähr 100 Jahren bekannt ist: Durch nichts und keinerlei Tätigkeit werden die Intelligenz eines Kindes, sein Lebensmut und seine Kreativität derart gefördert wie durch ein intensives Spiel." [4]

So stellt sich die Frage: Wie können wir Lebensräume heute spielfreundlich gestalten? Wo braucht es die klare Vorbereitung und Begrenzung von Räumen – und wo sollten wir Kinder einfach spielen lassen, was sie spielen wollen, und unsere erzieherischen Absichten zurückstellen? Wenn wir kleinen Kindern die freie Entfaltung im Spiel ermöglichen, müssen sie als Jugendliche in späteren Jahren keine destruktiven Ausdrucksformen für ihre unerfüllten Sehnsüchte suchen. Wut ist oft eine Reaktion auf Enttäuschungen über geplatzte Träume und nicht realisierbare Lebenspläne. Was haben wir dem entgegen zu setzen?

Versunken im Land der Phantasie

Zu diesem „Not-wendigen" gesellschaftlichen Gespräch wollen wir beitragen, denn unsere Zukunft ist gestaltbar. Wir können innehalten, um zu lernen, können auch zurückschauen, wie frühere Generationen Zukunft ermöglicht haben, indem sie Kinder beteiligt haben an ihrem Tun, an ihrem Alltag, an ihrer eigenen Entwicklung.

---

[4] Wolfgang Bergmann: Warum unsere Kinder ein Glück sind. So gelingt Erziehung heute. Beltz. Weinheim, Basel, Berlin 2009, S. 71

Wenn wir kleinen Kindern zuschauen, beeindruckt es, mit wie viel Neugier, Lust, Begeisterung, Ausdauer und Konzentration sie die Welt entdecken und spielend in verschiedensten Rollen erforschen. Weniger kann mehr sein. Weniger erzieherische Raffinesse kann mehr Eigeninitiative zulassen. Freude und Versunkenheit erleben Kinder beim intensiven Eintauchen in die Welt selbst entwickelter Spiele, wobei ihre Phantasie Welten und Figuren erschaffen kann, die jedes Computerspiel virtueller Welt übertreffen.

Fragen sind es, durch die entsteht, was bleibt

Lässt sich *Anstrengungsbereitschaft* bei unseren Kindern fördern? Wie viel eigene Entwicklung gestehen wir unseren Kindern zu? Welche Räume stellen wir Kindern bereit und wie bereiten wir sie vor? Wie viel durch Lernziele definierte Erziehung braucht es und wie viel Raum für absichtsloses Tun? Dürfen wir unsere Kinder an einem langen Nachmittag einfach dem Spiel mit den Nachbarskindern überlassen?

Wir wollen in diesem Buch zum einen dazu ermuntern, Fragen Raum zu geben, und zum anderen den Erinnerungsfaden aufnehmen und dadurch bewusster für die Gegenwart werden. Oft geben wir im Umgang mit unseren Kindern eigene Erfahrungen und Vorstellungen unbewusst weiter. Daher kann es helfen, eigene Kindheitserlebnisse bewusst zu erinnern, um zu schauen, was die Erziehung unserer Kinder mit unserer eigenen Kindheit zu tun hat. Haben die Veränderungen der dazwischenliegenden Jahre und Jahrzehnte dazu geführt, dass Kindheit heute ganz anders ist? Oder gibt es Ideen und Prinzipien, die trotz äußerer Veränderungen auch für diese Generation immer noch gelten?

Um diesen und anderen Fragen nachzugehen, stellen wir Ihnen in jedem Kapitel konkrete Szenen und Geschichten mit Kindern vor. Die anschließenden Fragen können eine Brücke bauen zwischen den Geschichten, Ihrer eigenen Kindheit und der Ihres Kindes. So kann dieses Buch zu einer Entdeckungsreise in Ihre eigene Kindheit werden und zugleich werden Sie Ihr Kind mit neuen Augen sehen.

1. Alles wird anders

Das erste Kind wird geboren. Wie ein Donnerknall fährt die Geburt in die Familie hinein. Von diesem Moment an ist alles anders. Der Tagesablauf, die ehemals ruhigen Nächte, die Beziehung zwischen den Eltern – nichts bleibt davon unberührt. Selbst bei guter Vorbereitung ist es nicht einfach, sich ein Bild davon zu machen, wie sehr die Ankunft eines Kindes – besonders des ersten – die junge Familie verändert. Bei aller Freude über das neue Familienmitglied erleben die Eltern auch Unsicherheiten und Sorgen und nie gekannte Müdigkeit.

Dennoch brauchen wir unbedingte Zuversicht in die Entwicklungspotentiale eines Kindes und Vertrauen in die Fähigkeiten, die ein Kind mitbringt. Und es lohnt sich, uns zu fragen, wie und wo wir für unsere Kinder heute Quellen von Lebendigkeit, Klugheit und Eigenständigkeit erschließen können.

Ein einzigartiger Schatz

Jedes Kind ist einzigartig. Und wir dürfen jedes Kind unsere Liebe und Begeisterung spüren lassen. Sie sind die Basis, der tragfähige Boden, der sichere Halt, den Kinder brauchen, um tiefe Wurzeln entwickeln zu können.

(Fast) alle Eltern lieben ihre Kinder und tun zu jedem gegebenen Zeitpunkt ihr Bestmögliches. So hat sich in den letzten Jahren und Jahrzehnten in der Beziehung zwischen Eltern und Kindern sehr viel zum Positiven verändert – entgegen mancher Meldungen, die wir tagtäglich zu hören oder lesen bekommen, bei denen es jedoch um Ausnahmen geht. Johannes Schopp macht seit Jahren in seinen Elternkursen die Erfahrung, dass Eltern heute ein Bewusstsein dafür haben, wie wichtig es ist, Kindern respektvoll, wertschätzend und freundlich zu begegnen, sie in ihrer Persönlichkeit wahrzunehmen und mit ihnen Zeit zu verbringen. Der größte Teil der Kinder ist mit seinen Eltern nie so einverstanden gewesen wie heute. [5]

Aber nicht alle Kinder, die von ihren Eltern geliebt werden, wissen das. Vielen Eltern fällt es schwer, ihre Gefühle in Worten und Taten zum Ausdruck zu bringen. Jesper Juul ermutigt Eltern dazu, seinem Kind die eigene Liebe und Wertschätzung deutlich zu zeigen und es gelegentlich auch zu sagen. [6]

Damit das schwierige Unternehmen Erziehung gelingt, kann es helfen, auch in die eigene Biografie zu gucken. Manchmal reicht allein der gute Wille nicht weit genug, man merkt, dass man immer wieder an seine Grenzen stößt. Der bekannte Kinderpsychologe Bruno Bettelheim (1903–1990) betonte, dass Eltern alle Defizite, die sie selber mitbekommen haben – ob sie wollen oder nicht – an ihre Kinder weitergeben, wenn sie sich nicht intensiv damit auseinandersetzen. Wie intensiv diese Aufarbeitung und Auseinanderset-

[5] Johannes Schopp: Eltern stärken. Die dialogische Haltung in Seminar und Beratung. Ein Leitfaden für die Praxis. B. Budrich. Opladen und Farmington Hills 2010, S. 2

[6] Jesper Juul: Das kompetente Kind. Rowohlt. Hamburg 2000, S. 14

zung mit den eigenen Problemen, wunden Punkten und nicht gelebten Wünschen sein soll, mag jede Mutter und jeder Vater selbst bedenken und entscheiden. Uns ist es nachvollziehbar, dass Eltern, die sich mit sich selbst wohlfühlen, so viel leichter auch für ihre Kinder spürbar gute Begleiter sein können.

Wir laden Sie ein, kurz inne zu halten und einmal in Ihre eigene Lebensgeschichte zurück zu schauen: Wie fing Ihre Beziehung zu Ihrem eigenen Kind, Ihren Kindern, eigentlich an, welche inneren Bilder, Erfahrungen, Vorstellungen, Erwartungen prägen Sie, vielleicht auch unbewusst:

- Wie haben Sie reagiert, als Sie erfahren haben, dass Sie ein Kind erwarten?
- Wie hat sich Ihr Leben verändert, seitdem Sie ein Kind haben?
- Worüber freuen Sie sich, wenn Sie an Ihr Kind denken?
- An welches positive Erlebnis mit Ihrem Kind erinnern Sie sich spontan?

Fehlerfreundlich und verbesserungsfähig

Starke Eltern wissen um ihre Schwächen und haben die Größe, ihren Kindern gegenüber eigene Fehler zuzugeben. Das beinhaltet die Bereitschaft, immer wieder aus Fehlern zu lernen und es beim nächsten Mal anders zu machen. Denn wenn ich erkenne, dass ich mich geirrt habe, bin ich heute schlauer als gestern. Eltern wollen stolz auf ihre Kinder sein. Genauso wie Kinder stolz auf ihre Eltern sein wollen – und sie verzeihen ihnen erstaunlich viele Fehler.

Kinder sehen ihren Eltern einiges an Schwächen nach, wenn sie immer wieder spüren, wie wichtig sie ihnen sind. Diese Basis, dieses Wissen um die Wertschätzung ihrer Eltern, lässt Kinder in der Regel unglaublich großzügig sein gegenüber den menschlichen Schwächen ihrer Eltern.

Was Kinder allerdings brauchen – so Jesper Juul in seinen Vorträgen – ist *in den Augen ihrer Eltern ein Leuchten* zu sehen, die Freude darüber, dass es sie gibt, ehrliche Freude, die zugleich den Bezug zur Realität wahrt. Kinder sind einzigartig. Wenn allerdings Eltern, ob bewusst oder unbewusst, die Menschen in ihrer Umgebung dazu auffordern, das eigene Kind zu bejubeln und zu beklatschen, wenn schon Kinder wie Stars behandelt werden, dann entwickeln Kinder Starallüren und benehmen sich wie kleine Prinzessinnen, die gerne bedient werden möchten, aber ungern ihren benutzten Teller wegräumen. Und sie werden geradezu abhängig vom Lob und der dauernden Bestätigung durch andere, können sich selbst schlecht einschätzen. Der erfahrene Elternberater Lienhard Valentin weist auf die Wichtigkeit des eigenen Weges hin, den Kinder suchen, ausprobieren und für sich finden müssen, anstatt ein vorgegebenes Bild, dem sie entsprechen wollen, zu erfüllen. [7]

Ebenso braucht es die Aufrichtigkeit der Eltern im Umgang miteinander. Nicht die Rechtfertigung von Fehlern, wenn Eltern sich unfair, ungeduldig, unfreundlich verhalten haben, sondern das von Herzen kommende „es tut mir leid – besser habe ich es nicht hingekriegt, aber beim nächsten Mal versuche ich, es besser zu machen". Es gibt keine fehlerlosen Eltern, jetzt nicht und auch in Zukunft nicht, und kein Kind wird seine Kindheit ohne äußere und innere Blessuren durchleben. Im Wissen um unsere Fehler können wir uns nur immer wieder bemühen, unser Bestmögliches zu geben. Das ist oft nicht einfach, denn Kinder sind durchaus herausfordernd, und Schwierigkeiten und Fehler in der Erziehung sind angesichts der Größe der Aufgabe nicht zu vermeiden. Unsere Vision kann *Verbesserung* heißen, nicht Vollkommenheit.

Kinder bekommen oft genug den Frust und die Überforderung der Eltern zu spüren. Kaum eine Familie kommt ohne solche Zeiten durchs Leben, in denen das Miteinander die Nerven arg strapaziert. Umso wichtiger ist, dass die gegenseitige Beziehung auf gutem Boden steht, damit Eltern und Kinder miteinander gerade an der Bewältigung schwieriger Situationen wachsen können, sich dabei näher kommen und sich neu wahrnehmen, lebendig und kreativ.

- Wie sind Ihre Eltern mit Fehlern umgegangen?
- Wie wohlwollend und nachsichtig sind Sie mit sich und Ihren Fehlern?

?

[7] Lienhard Valentin: Mit Kindern neue Wege gehen. Arbor Verlag. Freiamt 2005, S. 36

- Bei wem haben Sie sich als Kind mit Ihren Stärken und Schwächen am ehesten wohlgefühlt?
- Wer oder was hilft Ihnen, die Fehler Ihrer Kinder anzunehmen?

?

Wann fängt das Leben an?

Das Märchen von Hans im Glück

Hans erhält am Ende seiner Lehrzeit als Lohn einen Goldklumpen, den er auf der Schulter heimschleppen will. Der große Brocken drückt ihn schwer, so dass er unterwegs der Versuchung nicht widerstehen kann, das Gold einzutauschen gegen ein Pferd. Als ungeübter Reiter wird er bald abgeworfen und geht gerne auf das Tauschangebot eines Bauern ein, der eine Kuh dabei hat. Weitere Schwierigkeiten mit den Tieren führen auf seinem Weg zum Tausch gegen ein Schwein und eine Gans. Schließlich ertauscht er einen Scherenschleifer-Stein, der ihm bei einer Rast in den Brunnen fällt, so dass er gänzlich unbeschwert leichten Herzens zu Hause ankommt.

Und wie geht es Eltern mit ihren Schätzen? Manchmal gestaltet sich das Zusammenleben mit Kindern durchaus anstrengend – und der Schatz, den unsere Kinder darstellen, wird für Eltern zeitweise ebenso schwer wie der verdiente Goldklumpen für „Hans im Glück“. Hans kommt am Ende seiner Lehrzeit nach vielen Tauschaktionen schließlich ohne Pferd, Kuh, Schwein, Gans, Schleifstein und erst Recht ohne Gold ganz erleichtert, froh und glücklich daheim an. Manchen Eltern geht es auch so wie es den Eltern von Hans gegangen sein mag. Sie sehnen gelegentlich den Zeitpunkt herbei, an dem ihre Kinder das Haus verlassen und selbst Verantwortung für ihr Leben übernehmen. Was ja auch anzustreben ist und schon auf dem Weg dahin vorbereitet werden kann. Wenn auch die Last der Verantwortung nicht ganz vermeidbar ist, so überwiegen doch Freude und Glück am Miteinander.

Erlauben wir uns, auch mal zu schmunzeln über unsere eigenen Anstrengungen.

Wann fängt das Leben an? Über diese Frage unterhalten sich drei Priester. Der katholische Priester meint, dass der Beginn des Lebens ganz eindeutig der Zeitpunkt der Verschmelzung von Ei- und Samen-

zelle sei. „Aber", meint sein evangelischer Kollege, „ist es nicht auch möglich, die Geburt, den Zeitpunkt, wenn das neue Menschenwesen sich von der Mutter getrennt hat, als Anfangspunkt des Lebens zu beschreiben?" „Ach, meine Herren!", lächelt der jüdische Rabbi verschmitzt. „Ich muss sagen, dass meine Erfahrung eine ganz andere ist: Wenn der Hund gestorben ist und die Kinder aus dem Haus sind, dann erst fängt das Leben an!"[8]

Und: Fänden Sie diese Geschichte als Kind auch witzig? Nicht so sehr? Nun, aus der Perspektive der Großmutter könnte man den Witz etwas modifizieren. Wer weiß, wie der Rabbi mit seiner Rolle als Großvater umgehen würde. Ob er einen bestimmten Rhythmus für die Besuche seiner Enkelkinder ausarbeiten würde. Und wie er es damit hielte, wenn sie ihre Hunde mitbrächten – oder bei ihm in Urlaubspension bringen wollten ... Einfacher sind Meerschweinchen und Hamster unterzubringen, die müssen nicht so oft ausgeführt werden und vertragen sich in der Regel auch durch ihre Käfigwände hindurch. Allein die verschiedenen Puppenkinder adäquat und gleichberechtigt unterzubringen, wenn die Puppenmütter und -väter zu Besuch bei Oma und Opa sind, ist logistisch nicht immer so leicht. Einfacher ist es, seitdem es auch Etagenbetten für Puppen gibt. Nacht-Flohmärkte bieten ja inzwischen ein breites Spektrum für vitale Großeltern, die – mit energieeffizienten Grubenlampen auf den faltigen Stirnen ausgestattet – beide Hände frei haben, um für den Nachwuchs des Nachwuchses alles Nötige günstig zu erstehen, so dass dem zeitgleichen Wochenendbesuch mehrerer junger Puppenmütter nichts im Wege steht.

Der jüdische Rabbi hat es erkannt und humorvoll zum Ausdruck gebracht: Leben mit Kindern ist häufig anstrengend, denn Kinder fordern uns heraus. Sie brauchen Ehrlichkeit und Authentizität, sie wollen Aufmerksamkeit und Zuwendung, und immer wieder das Loslassen von Erwartungen und vorgefassten Bildern. In der Beziehung zu unseren Kindern erfahren wir sehr schnell, wie schwierig es sein kann, Anderssein wirklich zu respektieren: anstrengend – aber auch gewinnbringend.

---

[8] Mündliche Überlieferung

In kaum einer anderen Beziehung haben wir die Chance, so viel zu lernen wie in der Beziehung zu unseren Kindern. Immer wieder sind wir herausgefordert, unsere Haltungen und Reaktionen zu überdenken, immer wieder werden uns unsere Grenzen deutlich, immer wieder werden wir mit neuen Fragestellungen konfrontiert – nie ist dieser Prozess abgeschlossen. Täglich wachsen die Kinder ein Stück, lernen ständig Neues, und um neben ihnen zu bestehen, können wir uns mit ihnen weiterentwickeln, können ebenfalls an unserem – inneren – Wachstum arbeiten, wenn wir es denn wollen. Wenn wir die einzigartige Beziehung zueinander als eine Möglichkeit – vielleicht sogar als die Möglichkeit – erkennen können, uns selbst neu zu sehen, in uns neue Potentiale zu entdecken.

Viele Eltern wagen es nicht, ihre eigenen Träume und Sehnsüchte wahrzunehmen oder ihnen gar Raum zu geben. Dabei ist das für die Entwicklung ihrer Kinder genauso wichtig wie für die Eltern selbst. „Sie wollen das Beste für ihr Kind und verausgaben sich dabei manchmal bis zur totalen Erschöpfung. [...] Die meist damit verbundene Vernachlässigung eigener und partnerschaftlicher Bedürfnisse führt mit der Zeit zu innerer Leere, depressiver Verstimmung und Frustration.“ [9]

Kinder können die Last nicht tragen, die Eltern ihnen aufbürden, wenn sie ihr Glück von ihnen abhängig machen und davon, wie erfolgreich sie sich entwickeln. Dadurch werden Kinder vielmehr zu Prestigeobjekten degradiert, deren Schulabschluss so wichtig ist wie der Wert eines neuen Autos. Eltern sind zunächst einmal für ihr eigenes Glück verantwortlich. Der Medizinprofessor und Buchautor Remo Largo mahnt die Eltern: „Das Kind gehört nicht ihnen, sondern nur sich selbst. Es ist nicht auf die Welt gekommen, um die Erwartungen seiner Eltern zu erfüllen, sondern um zu jenem Wesen zu werden, das in ihm angelegt ist.“ [10]

Remo Largo stellt die zunehmende Verplanung der Kinder mit übervollen Terminkalendern in Frage, ja er kritisiert sie als Verhinderung der Entfaltung des eigenen Wesens, das Freiraum und Muße

---

[9] Karl Gebauer: Klug wird niemand von allein. Kinder fördern durch Liebe. Patmos Verlag. Düsseldorf, Zürich 2007, S. 38

[10] Stern, 6/2011, S. 86: „Das dressierte Kind“

braucht. Manchmal lastet die Sorge um die Kinder schwer auf den Schultern der Eltern – und damit auch auf denen der Kinder, die diese Sorge und Last spüren, aber nicht auflösen können. Eine übergroße Sorge kann ebenso wie ein zu hohes Maß an Bemutterung, Behütung oder eine Form von „erdrückender Zärtlichkeit" (Janusz Korczak, siehe auch Seite 78) Kinder dauerhaft schwächen.

- Wie tragen Sie dafür Sorge, dass Sie Freiräume und Auszeiten bekommen?
- Wie können Sie wieder auftanken, wenn Ihre Reservetanks leer sind?
- Welche Träume möchten Sie sich noch erfüllen?
- Was hilft Ihnen, keine zu hohen Erwartungen an Ihre Kinder zu haben und ihnen nach und nach die Verantwortung für ihr Wohlergehen selbst zu überlassen?
- Welche Momente mit Ihrem Kind sind für Sie besonders erfüllend?

?

2. Beziehung weitet den Blick

Keno, 2 Jahre, hilft seiner Oma im Garten. Sobald er sieht, dass Oma Blumen pflanzen will, holt er seine kleine Schaufel und will mithelfen. „Ich will das!" „Okay, Keno, du kannst hier gleich harken und gießen." „Ja, ich will das!" Er legt die Schaufel zur Seite und holt seine Harke.

Da wird er von seiner Mutter gerufen. Er soll ins Haus kommen. „Geh mal zur Mama rüber, die hat dich gerufen!" Empörter Blick: „Nein!" „Die Mama möchte, dass du jetzt zu ihr kommst. Wir können doch gleich weiterarbeiten. Die Blumen können hier warten." Ein neues, entschiedenes „Nein!" ist die Antwort. Beleidigt dreht sich Keno um, Gesicht dicht an der Hauswand, Rücken zur Oma gewandt, Lippen fest zusammengepresst. Mit trotzig entschlossenem Blick schaut er sich noch einmal um.

Die Oma zögert. Soll sie sich auf einen Machtkampf einlassen? Das wird Tränen und Geschrei bringen. „Keno, ich gehe jetzt ins Haus. Wir können ja später die Blumen zusammen gießen, wenn du bei Mama gewesen bist."

„Nein!" Er bleibt dicht vor der Wand stehen, abwehrbereit.

Oma zieht ihre Stiefel aus und geht in ihr Haus. Aus dem Küchenfenster erhascht sie einen Blick auf ihren Enkel. Der hat Schaufel und Harke fest in beiden Händen, schaut sich die eingepflanzten Blumen noch einmal an, geht weiter zu seiner grünen Kinder-Schubkarre, die vor dem Haus seiner Mutter steht. Etwas unentschlossen geht er mit Harke und Schaufel weiter, bleibt stehen, begutachtet noch ein paar andere Blumen im Beet, nähert sich der Haustür seines Elternhauses.

Er legt Harke und Schaufel auf die Fußmatte und öffnet die Tür, um zu seiner Mutter zu gehen. Ganz ohne Geschrei und Jammern, nach eigener Entscheidung – die allerdings erst reifen musste und nachdem er Zeit hatte, diesen eigenen Entschluss zu fassen.

Wie schnell kann es zwischen Eltern und Kind zu einem Machtkampf kommen. Mit dem Abstand, den wir als Außenstehende haben, können wir Keno gut verstehen. Schon Zweijährige wollen ein gerade begonnenes Vorhaben nicht auf Kommando unterbrechen, genauso wenig wie Erwachsene. Der Rückzug der Oma gibt Keno die Möglichkeit und Zeit, aus eigenem Willen zu seiner Mutter zu gehen. Wenn wir es schaffen, in Konfliktsituationen kurz innezuhalten, um Respekt zu zeigen vor dem Willen und den Interessen des Kindes, lernt das Kind selbst, eine Lösung zu finden – und wir ersparen uns manchen Ärger.

Emotionale Sicherheit in verschiedenen Familienformen

In Geborgenheit aufzuwachsen und gute, tiefe Wurzeln schlagen zu können, hilft Kindern, ihre Identität zu entwickeln, eigene Gedanken zu formulieren und sich zu trauen, auch grundsätzliche Fragen zu stellen. Es hilft, den Stürmen zu trotzen, die das Leben mit sich bringt. Damit sie ihren eigenen Weg finden – und den für sie irgendwann zu engen Grenzen ihrer familiären Gemeinschaft entkommen können –, brauchen Kinder neben Wurzeln auch Flügel. Entscheidend für die spätere Flugfähigkeit bleibt allerdings oft die Art der frühen Verwurzelung. „Die Pfahlwurzler sind so fest in ihren wenigen Bindungen verwurzelt, dass sie nicht hochkommen, und die Flachwurzler laufen allzuleicht Gefahr, schon abzuheben und davonzuschweben, bevor ihre Flügel so weit entwickelt sind, dass sie damit auch die Richtung ihres Fluges bestimmen können.“ [11]

Überschaubare, dörfliche Gemeinschaften können mit ihrer Begrenztheit zu guter Wurzelbildung beitragen, bergen allerdings die Gefahr, mit ihrer Gleichförmigkeit auch eine geistige Enge zu vermitteln, in der nur konventionelle, wenig flexible Verhaltensmuster entstehen. Flügel zu entwickeln erfordert die Fähigkeit, in schwierigen Situationen eigene Auswege und Lösungsstrategien zu finden. Dazu braucht es den Mut, über den eigenen Tellerrand hinaus zu denken. In einer seit Jahrhunderten katholischen Dorfgemeinschaft haben es alleinerziehende Mütter auch heute noch manchmal schwer. Und

[11] Gerald Hüther: Bedienungsanleitung für ein menschliches Gehirn. Vandenhoeck und Ruprecht. Göttingen 2001, S. 75

die ersten, die im örtlichen Supermarkt nach Bio-Frischmilch fragen, werden schräg angeschaut.

Der Autor Bernd Schroeder erzählt in einem seiner Bücher von der Kindheit eines Jungen in einem oberbayerischen Dorf, von der Enge in der Familie und im Dorf – und von der Schwierigkeit, sich einem Vater zu entziehen, der viel von sich und seiner eigenen Meinung hält, mehr redet als arbeitet und seinem Sohn wenig Respekt entgegenbringt. Trotz der Enge geben die Menschen der dörflichen Gemeinschaft dem Jungen das Gefühl von Geborgenheit. Verlässliche Beziehungen zu Außenseitern und Sonderlingen stärken den Bo-

den unter seinen Füßen. Während seine Mutter in ihrer Depression für ihn nicht erreichbar ist, ermöglicht ihm die dörfliche Nachbarschaft zu überleben. [12]

Das soziale Gefüge der Familie kann in seiner konkreten Zusammensetzung heute sehr vielfältig sein. Ob Mutter und Vater, Mutter mit Freund oder Stiefvater, Vater und Oma, Mutter in Wohngemeinschaft, Vater und Freundin – wahrscheinlich kennen Sie noch eine Reihe weiterer moderner Familienkonstellationen, in denen Kinder heute aufwachsen – in all diesen Lebensformen können Liebe und Begeisterung für das Kind lebendig sein und gezeigt werden.

So erzählt Alice Schwarzer in ihrem Buch „Die Antwort“ von ihrer Beziehung zu ihrem Großvater: „Ich bin in einer Familie aufgewachsen, in der die Frauen, Mutter und Großmutter, wenig Mütterlichkeit an den Tag legten. Sie lasen lieber. Oder diskutierten über Politik. Oder gingen ins Kino. Die Hausarbeit war auch nicht gerade ihre Stärke. Doch ich hatte Glück. Der Mann in meiner Familie, mein damals noch recht junger Großvater (er war Mitte vierzig, als ich zur Welt kam), interessierte sich leidenschaftlich fürs Füttern, Wickeln, Aufziehen dieses kleinen Mädchens, das ihm da ins Haus gepurzelt

[12] Bernd Schroeder: Auf Amerika. Carl Hanser Verlag. München 2012

war … Da hatten wir, ich und mein Großvater, genannt Papa, Glück. Die Mutter war weg. Und die Großmutter hatte die Raffinesse, ihn über den grünen Klee für seine Kindertauglichkeit zu loben. Ich bin also mit Anekdoten des Stils groß geworden: Keiner hat die Breichen so gut gemacht wie dein Papa …" [13]

Auch heute sind viele Großväter mit Freude für ihre Enkelkinder da, besonders dann, wenn sie bei ihren eigenen Kindern beruflich so stark eingespannt waren, dass sie wenig von deren Entwicklung mitbekommen haben.

Wenn Eltern sich trennen, ist das für Kinder sicher zunächst einmal schwer und sie verlieren ein großes Stück an Sicherheit. Aber dauerhaft muss für Scheidungskinder die Trennung ihrer Eltern kein Unglück sein, unter dem sie lebenslang leiden, fand die Münchener Scheidungsforscherin Sabine Walper heraus. Für die Kinder sind die Effekte einer Trennung viel schwächer, als wir lange gedacht haben. [14] Getrennt lebende Eltern können als Väter und Mütter genauso eigenständige und liebevolle Beziehungen zu ihren Kindern pflegen. Die moderne Patchwork-Familie mit ihren ganz unterschiedlichen Konstellationen kann auch den Blick weiten für viele mögliche Lebensweisen und Formen der Konfliktlösung. [15]

So wie früher die Unterschiedlichkeit einer Dorfgemeinschaft den Kindern die Teilhabe an ganz verschiedenen Lebensbereichen ermöglichte, ist es für Kinder heute wichtig, Kontakt zu vielen ganz individuellen Menschen, Nachbarn, Verwandten, Freunden zu haben, von deren Aktivitäten sie lernen können. Die Nachbarin, die selbst Brot backt, der Nachbar, der seinen Rasenmäher repariert, – oder auch umgekehrt? – wenn Kinder zuschauen dürfen oder einfach dabei sein, – was lernen sie alles, wenn sie unterschiedliche Lebensformen, Lebenskonzepte, Lösungen erleben und erfahren!

Oder wenn ihnen ganz einfach ein Nachbarjunge den Kopfsprung vom Drei-Meter-Brett zeigt, den sich Vater und Mutter nicht trauen,

---

[13] Alice Schwarzer: Die Antwort. Kiepenheuer & Witsch, Köln 2007 , S. 81–82

[14] Sabine Walper in: Spiegel Special 7/2008, Was Kinder klug und glücklich macht, S. 7–13, „Kinder sind auch nur Menschen", S. 10

[15] Jan-Uwe Rogge: Der große Erziehungsberater. Rowohlt. Reinbek bei Hamburg 2003, S. 400 ff

und ein anderer die bessere Technik für einen gelungenen Weitwurf. Eltern müssen nicht alles können.

Intelligenz wird handgreiflich erworben

Jonahs Kindertrecker hakt sich manchmal beim Treten der Pedale aus. Jonah, drei Jahre, steigt ab, legt sich auf den Boden und schaut sich von unten die Konstruktion an, an der die Pedale aufgehängt sind. Mit den Händen ertastet er die Zahnräder, rüttelt ein wenig daran und steigt wieder auf. Geht es jetzt leichter?

Oft hat er in der Werkstatt gesehen, wie Opa oder Onkel unter einem Trecker oder Auto lagen und mit Schraubenziehern und -schlüsseln hantierten. Meist fuhren die Maschinen danach wieder besser. Das sollte ihm doch wohl auch gelingen!

Nachahmen von Vorbildern motiviert zum selber Ausprobieren, besonders, wenn deren Fähigkeiten von den Kindern geschätzt werden und sie – von sich aus – auch lernen wollen, was die Großen da machen. Die Gelegenheiten werden seltener, bei denen Kinder direkt sehen können, was die Erwachsenen tun. Umso wichtiger ist, es ihnen hier und da zu ermöglichen und sie, wo immer es geht, an konkreten Arbeitsprozessen teilhaben zu lassen.

Hier sind auch Großeltern wieder stärker gefragt. Manche Großväter können heutzutage eher Fahrradschläuche auswechseln und reparieren als Väter und Großmütter eher Brot backen und Marmelade kochen als Mütter, weil sie mehr Zeit und Muße haben als berufstätige Eltern. Gern gesehen sind Großeltern auch im Kindergarten oder in der Schule. Sie helfen bei Garten- oder Laubsägearbeiten, beim Häkeln und Stricken oder bei anderen praktischen Tätigkeiten, die eine Erzieherin oder Lehrerin mit über 20 Kindern schlecht alleine bewältigen kann.

Wird eine Aufgabe erfolgreich gelöst, steigt der Pegel der Überträgersubstanz Dopamin und löst dadurch ein Glücksgefühl aus – der lernende Mensch bekommt so Lust auf mehr. Bei einem Kind, das genügend vielfältige Reize und Lernbestätigungen erfährt, können sich die weiterleitenden Synapsen optimal entwickeln.

Manfred Spitzer, Psychologe und Professor für Psychiatrie an der Universität Ulm, betont in einem Interview: „Die Forschung der letzten Jahre hat sehr deutlich gezeigt, wie wichtig das sogenannte Embodyment, also das verkörperte Denken, ist. Unser bewegter und gefühlter Körper steckt gewissermaßen in unseren Denkvorgängen mit drin und unterstützt das Denken, aber nur dann, wenn wir unseren Körper beim Begreifen der Welt wirklich verwenden." [16]

- Bei welchen Arbeiten durften Sie als Kind zuschauen oder mithelfen?
- An welchen Aktivitäten kann/könnte Ihr Kind teilhaben?

?

Großeltern, Tanten und Onkel ...

Für Kinder ist es nicht immer einfach, mit ihren nicht-perfekten Eltern zu leben. So sehr es auch für Eltern in Ordnung ist, nicht perfekt zu sein, Fehler zu machen, schlechte Laune zu haben, müde und auch mal genervt zu sein, so anstrengend sind solche Eltern für Kinder. Und wie angenehm ist es da, wenn sie sich mal bei Oma oder Opa,

---

[16] Manfred Spitzer in einem Interview mit der Neue Osnabrücker Zeitung (NOZ), 3.8.2012, S. 26

Tante, Onkel oder der befreundeten Nachbarin ausweinen oder ausschimpfen können. Und noch besser ist es, wenn diese gar nichts weiter tun, als einfach zuzuhören, den Ärger, die Traurigkeit auszuhalten und für eine Weile nur da zu sein, damit sich die Wellen der Empörung wieder glätten können.

Neben dem Zuhören können interessierte Fragen hilfreich sein, damit Kinder sich noch besser ausdrücken oder die Dinge auch von einer anderen Seite betrachten können. Denn das, was Kinder einmal zum Ausdruck gebracht haben, bedrückt sie nicht mehr so stark.

Nachfragen, sich Austauschen, Philosophieren braucht viel Muße, die Eltern nicht immer haben. Aber zum Glück sind Eltern ja nicht alleine auf der Welt. Es gibt ja noch Großeltern, Nachbarinnen, Tanten oder Onkel, Menschen, die vielleicht selber keine Kinder aber Zeit haben oder deren Kinder schon aus dem Haus sind.

So erzählt Steffi aus Annies dritter Klasse, dass sie fast jeden Tag zu ihrer Nachbarin geht, um mit ihr über ihren Kummer, über das, was sie erlebt hat und was sie bewegt, zu reden. Dabei strahlen ihre Augen. Steffi merkt, dass man ihr zuhört und sie ernst nimmt. „Wenn sie (Kinder) erfahren, dass das, was sie denken, wichtig ist, fangen sie an, über wichtige Dinge ernsthaft nachzudenken." [17]

Vielfach vermissen Eltern heute die Unterstützung der Großeltern, die mal eben zum Babysitten rüberkommen könnten. Doch auch früher war diese Nähe nicht immer nur angenehm für Eltern.

Andrea schätzt ihre Beziehung zu ihrer Enkeltochter Luisa: „Ich habe heute viel mehr Geduld. Wenn ich mit Luisa einkaufen gehe, nehme ich mir – anders als bei meinen eigenen Kindern – einfach die Zeit, überall stehen zu bleiben, über Steine zu balancieren, mir den Bagger lange anzugucken, weil es in dem Moment nichts anders gibt, was ich erledigen muss. Die Zeit, die ich mit meiner Enkeltochter verbringe, gehört nur uns beiden. So nehme ich alles, was sie tut und sagt, sehr viel bewusster wahr. Dadurch hat sich zwischen uns eine für uns beide unglaublich schöne Beziehung entwickelt."

Ähnliches erzählen auch andere Großeltern. Und genauso nehmen Kinder wahr, wie wichtig ihre Großeltern für sie sind.

Martin: „Wenn ich mit Katrin Streit habe, kann ich immer zu Oma und Opa gehen, die Tür ist immer offen, ich brauche nur die Türklinke herunterzudrücken. Nur wenn Oma und Opa schlafen, schließen sie ab."

David: „Oma schält mir immer einen Apfel, wenn ich komme, und Opa hat mir das Angeln beigebracht."

Bettina, inzwischen erwachsen, kann sich kaum an ihre Oma erinnern, die starb als sie vier Jahre alt war. Sie sagt: „Ich weiß nur, dass Oma irgendwie ganz toll war." Ihre Mutter erinnert sich, dass Bettina noch lange nach dem Tod ihrer Oma, den sie mit vier Jahren scheinbar einfach hinnahm, immer sagte, wenn sie einen von der Oma selbst gestrickten Pullover anzog: „Den hat mir doch meine liebe, liebe Oma

[17] Fee Czisch: Kinder können mehr. Anders lernen in der Grundschule. Antje Kunstmann. München 2007, S. 81

gestrickt, nicht Mama?" Auch wenn konkrete Erinnerungen fehlen, ist bei Bettina gefühlsmäßig etwas sehr Positives hängen geblieben.

Zudem sind viele Großeltern noch so aufgewachsen, wie Kinder sich das heute gar nicht mehr vorstellen können. Sie bringen manchmal einen Erinnerungs- und Erfahrungsschatz mit, der Kindern wie aus einer fremden Welt vorkommt. So erzählt Hannes seinen Enkelkindern, dass er schon als Zehnjähriger bei seinem Onkel auf dem Bauernhof bei der Ernte helfen und den Trecker fahren musste und dass sich kein Mensch darum gekümmert hat, wenn er mit dem Trecker auch über die Straßen fuhr, um zu einem anderen Feld zu kommen. Inzwischen kann man Bücher mit vielen leeren Seiten kaufen, in denen Großeltern aufgefordert sind, ihren Enkelkindern ihre Erlebnisse und Erfahrungen aufzuschreiben: „Oma, erzähl mal von früher."

In Luises Elternhaus bewohnten Oma und Opa die untere Wohnung. So manches Mal ging Luise nach der Schule erst durch Omas Küche, um zu schauen, was es denn dort zu essen gab. Dann erst eilte sie die Treppe hinauf und berichtete ihrer Mutter begeistert, wie lecker es bei Oma geschmeckt hatte. Worauf diese mit – für Luise – unverständlich wenig Enthusiasmus reagierte – hatte sie doch das vorbereitete Essen auch schon auf dem Herd stehen. Luises Mutter hat in einer ruhigen Minute mit ihrer Schwiegermutter gesprochen und geklärt, wie in solchen Fällen zu verfahren sei. Die Lösung: Luise muss erst oben nachfragen, ob Mutters Essen nicht schon fertig ist, dann kann sie wieder runter zu Oma.

Es ist Sache der Erwachsenen, sich darum zu kümmern, dass der kindliche Genuss großmütterlicher Zuneigung nicht zur Quelle von Frustration wird.

Ein Kind, das wir ermutigen,
lernt Selbstvertrauen.
Ein Kind, dem wir mit Toleranz begegnen,
lernt Offenheit.
Ein Kind, das Aufrichtigkeit erlebt,
lernt Achtung.
Ein Kind, dem wir Zuneigung schenken,
lernt Freundschaft.
Ein Kind, dem wir Geborgenheit geben,
lernt Vertrauen.
Ein Kind, das geliebt und umarmt wird,
lernt zu lieben und zu umarmen und
die Liebe dieser Welt zu empfangen.

Quelle unbekannt

Bedürfnisse erkennen und wertschätzen

Die Verantwortung für die Klärung schwieriger Situationen, für die Qualität der Beziehung zwischen Eltern und Kindern tragen die Erwachsenen. Sie sind diejenigen, die auch in Situationen, wenn Kinder müde, überfordert, enttäuscht sind, den Überblick behalten und ihre eigenen Reaktionen überdenken können. Das gelingt umso besser, wenn sie sich über ihre eigenen Wunden und Empfindlichkeiten, ihre eigenen Wünsche und Bedürfnisse klar sind. Denn bedürftig sind wir alle, Kinder und Eltern – und Großeltern. Die Erwachsenen haben allerdings die Verantwortung, sich um das Kennenlernen und das Erfüllen oder Kompensieren ihrer eigenen Bedürfnisse, um ihre Wünsche und Grenzen zu kümmern. Kinder sind überfordert, wenn sie Konflikte lösen sollen, die die Erwachsenen untereinander haben, erst Recht, wenn sie Partei ergreifen sollen für ein Elternteil.

Das plötzliche Absacken schulischer Leistungen, das unbegründet scheint, steht nicht selten in Zusammenhang mit einer Krise im Elternhaus, die ein Kind dadurch zu entschärfen sucht, dass es die

Aufmerksamkeit der Eltern auf sich zieht, und damit die Energie von dem Konflikt, der zwischen Vater und Mutter schwelt, abzieht.[18]

Es ist grundlegend wichtig, Wertschätzung zum Ausdruck zu bringen, vollbrachte Leistungen und Fortschritte anzuerkennen. Genauso wichtig ist es, bedingungslos zu den Kindern zu stehen, wenn es mal nicht so gut läuft mit Geschwistern, Freundinnen, im Kindergarten oder in der Schule. Dabei ist es nicht hilfreich, jede Selbstverständlichkeit wohlwollend zu kommentieren, als sei sie eine großartige Leistung. Denn das führt zur Abhängigkeit von den Kommentaren der Erwachsenen und verhindert geradezu, dass sich Kinder um einer Sache willen engagieren oder dass sie selbstvergessen in ein Spiel eintauchen können. Abhängigkeit vom Lob der anderen beeinflusst das eigene Empfinden und kann das Erleben des eigenen Tuns beeinträchtigen. Ständiges Lob nutzt sich ab und kann bei Geschwistern Rivalität und Konkurrenz verstärken.

Kinder, die sich aufgehoben und gewertschätzt fühlen und dabei nicht andauernd gelobt werden, profitieren von der wichtigen Erfahrung, ihr eigenes Spiel auch ohne äußere Anerkennung als schön und erfüllend zu erleben. Thomas Gordon hat bereits 1976 in seiner „Familienkonferenz" auf die Probleme hingewiesen, die durch eine Erziehung entstehen, deren Basis Strafe und Lob sind. Auch Marshall Rosenberg weckt in der von ihm entwickelten „Gewaltfreien Kommunikation" (GFK; Nonviolent Communication, NVC) das Bewusstsein dafür, Kindern wertschätzend und respektvoll zu begegnen, ohne sie ständig mit „Zuckerbrot und Peitsche" zu animieren oder zu bremsen. Entscheidend ist, dass Eltern und Kinder eine auf Respekt und Wertschätzung basierende Beziehung entwickeln, in der die Eltern ihre eigenen Bedürfnisse benennen und den Kindern ihren Freiraum zugestehen können.

Um Vertrauen in das Leben zu gewinnen, brauchen Kinder tragfähige Beziehungen zu mindestens einer Person. Auf der Grundlage dieses Vertrauens können sie selbstvergessen in ihre Spiele eintauchen. Sie brauchen emotionale Sicherheit, um sich auf ein Spiel oder in der Schule konzentrieren zu können, um ruhig und ausdauernd bei einer Sache zu sein. Sich aufgehoben zu fühlen, beheimatet sein

---

[18] Augustus Y. Napier, Carl A. Whitaker: Die Bergers – Beispiel einer erfolgreichen Familientherapie. Rowohlt. Reinbek bei Hamburg 1982

in einer Familie – welcher Struktur auch immer – sind Grundvoraussetzungen für emotionale und körperliche Gesundheit.

Ein sehr schönes Erlebnis, das deutlich macht, was Kindern wirklich wichtig ist, erzählt Hanni, neun Jahre alt, an ihrem Geburtstag in der Schule: „Mama hat mir heute Morgen einen Kuchen ans Bett gebracht, den hat sie gestern Abend extra für mich gebacken. Und dann hat sie mit meiner Schwester ein Lied für mich gesungen. Danach bin ich noch ein bisschen zu Papa ins Bett gegangen." Hanni muss nicht von den großen und teuren Geschenken erzählen, sondern dass ihre Familie für sie da ist und dass sie spürt, wie wichtig sie ist.

Wenn Eltern sich für die Bedürfnisse des Kindes interessieren und diese achten, wird das Kind eher lernen, auch die Bedürfnisse der Eltern zu respektieren.

- Wer hat Sie in Ihrer Kindheit unterstützt und inspiriert?
- Gab es jemanden, dem Sie etwas Besonderes verdanken?
- Wer hat Ihnen Wertschätzung entgegengebracht?
- Welche Personen begleiten und stärken Ihr Kind?
- Von wem wird es besonders geschätzt?

Verlässliche Rituale

Das Zu-Bett-Gehen kann für Kinder zu einem Genuss werden, wenn es von Ritualen begleitet wird, auf die Kinder sich freuen, in denen Geborgenheit spürbar wird. Wie diese Rituale aussehen, bleibt der Phantasie und dem Ideenreichtum der Eltern überlassen. Nicht alle mögen ein Gute-Nacht-Lied zweistimmig singen, wie es Anna mit ihrem Mann, der Musiker ist, für ihre Kinder tut, – zumindest immer dann, wenn beide abends daheim sind. Ansonsten erklingt das Lied eben einstimmig. Eine Kerze anzünden können allerdings die meisten von uns, oder? Viele schätzen aber auch heute noch traditionelle oder selbst verfasste Gebete. Jemand hat vielleicht Freude an einem lange vergessenen Gedicht oder Gute-Nacht-Lied, das ihm selbst früher besonders gefallen hat oder das er oder sie heute für sich neu entdeckt.

Die Zeit vor dem Einschlafen, wenn Kinder zur Ruhe kommen, eignet sich besonders dafür, den Tag des Kindes noch einmal gemeinsam im Erzählen zu durchleben, und zu hören, welche spannenden Dinge es zu erleben gab oder auch wo es Ärger, Enttäuschungen und Kummer durchlebt hat. So erzählt Hanna, dass sie das mit ihren beiden Söhnen, die inzwischen 14 und 16 Jahre alt sind, häufig noch heute macht und wie wichtig diese Zeit am Abend für ihre beiden Kinder, aber auch für sie selbst, war und ist.

Wichtig ist, dass diese Rituale für Kinder verlässlich sind, so wie Ronja Räubertochter weiß, dass ihre Mutter das Wolfslied wirklich jeden Abend für sie singt. Kinder zur Strafe ins Bett zu schicken, gehört allerdings – wen wundert's – zu den sichersten Wegen, ihnen die Freude am Rückzug ins eigene Bett zu verderben.

Auch für gemeinsam eingenommene Mahlzeiten kann es schön sein, wenn es Rituale zum Beginn gibt. Diese können so vielfältig gestaltet werden, wie die Bedürfnisse der Beteiligten sind. Was früher üblicherweise ein Tischgebet war, kann ein einfacher Vers, ein Lied, ein kurzer Moment der Stille oder das Anschlagen einer Klangschale sein. Sobald Kinder dazu in der Lage sind, tragen sie gerne dazu bei. Wenn sie von einem Lied die Worte noch nicht behalten können, so macht es ihnen doch großen Spaß, mit eigenen Worten und eigener Melodie den Gesamtklang zu bereichern. Manchmal allerdings reicht es schon, dass eine Mahlzeit überhaupt gemeinsam eingenommen wird – und jedes zusätzliche Ritual zerfällt angesichts der überschäumenden Lebendigkeit der Kinder.

Ein Zu-Bett-Geh-Ritual, das Kinder besonders lieben, ist sicher das Vorlesen. Und wenn Sie altersgemäße Geschichten aussuchen, werden Kinder dieses Eintauchen in andere Welten auch unbeschwert genießen können ...

© Til Mette

Sich wiederholende Gesten, Texte, Lieder, Rituale geben Kindern ein Gefühl von Geborgenheit und Sicherheit, helfen, ihr Selbstbewusstsein zu entwickeln, und ihre Willensstärke. Rituale müssen nichts Einengendes haben, sie können auch sehr freilassende Übereinkünfte sein. Beispielsweise Vereinbarungen zur Gestaltung des Sonntags – „Sonntags darf bei uns jeder machen, was er möchte!", erzählte Katrin strahlend –„... und darauf freue ich mich schon! Ich und meine Schwestern haben dann ganz viel Zeit zum Malen." So eine Gestaltung des Sonntags kann für Kinder spannend und gleichzeitig für Eltern entlastend sein – so profitieren alle davon.

Andere besuchen sonntags die Oma oder fahren morgens früh gemeinsam ins Schwimmbad und anschließend gibt es Pommes für alle ... und ein provisorischer Ess-Platz erhöht die Aufmerksamkeit.

- An welche Rituale aus Ihrer Kindheit erinnern Sie sich?
- Welche Rituale in Ihrer Familie gefielen Ihnen gut?
- Welche Rituale mag Ihr Kind besonders?
- Wann können Rituale Ihren Tagesablauf erleichtern?

Aneinander Anteil nehmen

In Ronjas Räuberhöhle sitzen die Räuber abends oft zusammen und verbringen ihre Zeit miteinander. Auch Fliegender Stern genießt das Zusammensein des Stammes am Lagerfeuer. Kein Fernseher drängt sich dazwischen. Im heutigen Familienalltag Raum zu schaffen für persönlichen Austausch ist angesichts der Termine aller Familienmitglieder und der vielen technischen Geräte, die nach Aufmerksamkeit rufen, nicht einfach. Einer UNICEF-Studie zufolge sprechen deutsche Eltern nur noch wenige Minuten am Tag mit ihren Kindern, ein Grund dafür, dass das sprachliche Vermögen der Kinder stark zurückgegangen ist. Damit Gedanken entstehen und Fragen auftauchen können, braucht es Zeit und eine einladende Atmosphäre. Für Kinder ist es nicht möglich, sich „auf Kommando" über Erlebtes auszutauschen. Die berühmte Frage interessierter Mütter, „Wie war es denn heute in der Schule?", können ihre Sprösslinge oftmals nicht beantworten, wenn sie gerade eben erst nach Hause gekommen sind und die Eindrücke des Morgens noch gar nicht verarbeitet haben.

Die meisten Kinder wollen sich zumindest bis zu einem gewissen Alter mitteilen, aber den Zeitpunkt dafür selbst wählen. Erst später machen sie vieles mit sich alleine aus oder bereden es lieber mit Gleichaltrigen. Wir können bewusst Raum zum Austausch schaffen: beim Autofahren, beim Kochen, beim Aufräumen, bei den Mahlzeiten, – es gibt viele Gelegenheiten, bei denen wir uns dem Kind bewusst zuwenden können. Ohne damit Druck zu erzeugen und es nur auszufragen. Jedes Kind braucht seinen eigenen Rhythmus, um in Erzähl-Stimmung zu kommen.

Ohne Konflikte geht es nicht

Wenn Kinder mit anderen Kindern spielen, ob zu Hause, im Kindergarten oder in der Schule, immer wird es auch Streit und Ärger geben und manchmal ist für Kinder das Leben ganz schön schwer. Zugleich lernen Kinder jedoch, sich zu behaupten, sich für ihre Rechte einzusetzen oder um der Freundschaft willen zurückzustecken. Für Eltern ist das oft schwer auszuhalten, weil sie Sorge habe, dass ihre Kinder benachteiligt werden. Gut ist es, wenn Kinder dann jemanden haben, der ihnen zuhört und Verständnis zeigt und der ihnen möglicherweise Fragen stellt, die sowohl dem Kind als auch dem Erwachsenen helfen, besser zu verstehen. Die Lösung für ihr Problem können und sollen jedoch die Kinder selber finden. Denn die Lösungen, die der Erwachsene findet, sind für das Kind oft nicht richtig. Sie können als Elternteil Ihrem Kind vielleicht zu Hause beistehen, aber außerhalb der Familie muss es für sich selber einstehen. Es stärkt Kinder dauerhaft, wenn sie wissen, dass sie eigene Lösungen finden. Anteilnehmende Fragen können Ihrem Kind bei der Suche nach eigenen Lösungen helfen, zum Beispiel:

- Was genau ist denn passiert?
- Warum bist du so wütend/traurig?
- Was möchtest du jetzt tun?
- Was möchtest du tun, wenn das noch mal vorkommt?
- Was müsste passieren, damit du dich traust?

Der Ansatz zu dieser Art der Fragestellung stammt aus der systemischen Beratung. Beim systemischen Blick nehmen wir wahr, dass wir uns alle in verschiedenen Systemen bewegen und dass – sobald sich ein Teil des Systems verändert – sich automatisch auch die anderen anders verhalten. Der systemische Ansatz geht davon aus, dass jeder in der Lage ist, für sich selbst die beste Lösung zu finden. [19]

Wenn Eltern sich dazu verleiten lassen, zu sehr in die Konflikte ihrer Kinder einzugreifen, können sie damit auch verhindern, dass die Kinder sich schnell wieder vertragen. Manchmal wird der Streit sogar unter den Eltern weiter ausgetragen, während die Kinder sich bereits wieder versöhnt haben.

Was Kindern guttut und sie stärkt, ist geduldiges Zuhören, wie es Michael Endes „Momo“ besonders gut kann:

„So kam es, daß Momo sehr viel Besuch hatte. Man sah fast immer jemand bei ihr sitzen, der angelegentlich mit ihr redete. Und wer sie brauchte und nicht kommen konnte, schickte nach ihr, um sie zu holen. Und wer noch nicht gemerkt hatte, daß er sie brauchte, zu dem sagten die andern: ‚Geh doch zu Momo!‘

[...]

Aber warum? War Momo vielleicht so unglaublich klug, daß sie jedem Menschen einen guten Rat geben konnte? Fand sie immer die richtigen Worte, wenn jemand Trost brauchte? Konnte sie weise und gerechte Urteile fällen? [...]

Nichts von alledem.

---

[19] Therese Steiner, Insoo Kim Berg: Handbuch Lösungsorientiertes Arbeiten mit Kindern. Carl-Auer-Verlag. Heidelberg 2005

Was die kleine Momo konnte wie kein anderer, das war: Zuhören. Das ist doch nichts Besonderes, wird nun vielleicht mancher Leser sagen, zuhören kann doch jeder.

Aber das ist ein Irrtum. Wirklich zuhören können nur ganz wenige Menschen. Und so wie Momo sich aufs Zuhören verstand, war es ganz und gar einmalig.

Momo konnte so zuhören, daß dummen Leuten plötzlich sehr gescheite Gedanken kamen. Nicht etwa, weil sie etwas sagte oder fragte, was den anderen auf solche Gedanken brachte, nein, sie saß nur da und hörte einfach zu, mit aller Aufmerksamkeit und aller Anteilnahme. Dabei schaute sie den anderen mit ihren großen, dunklen Augen an, und der Betreffende fühlte, wie in ihm auf einmal Gedanken auftauchten, von denen er nie geahnt hatte, daß sie in ihm steckten.

Sie konnte so zuhören, daß ratlose oder unentschlossene Leute auf einmal ganz genau wußten, was sie wollten. Oder daß Schüchterne sich plötzlich frei und mutig fühlten. Oder daß Unglückliche und Bedrückte zuversichtlich und froh wurden. Und wenn jemand meinte, sein Leben sei ganz verfehlt und bedeutungslos und er selbst nur irgendeiner unter Millionen, einer, auf den es überhaupt nicht ankommt und der ebenso schnell ersetzt werden kann wie ein kaputter Topf – und er ging hin und erzählte alles das der kleinen Momo, dann wurde ihm, noch während er redete, auf geheimnisvolle Weise klar, daß er sich gründlich irrte, daß es ihn, genauso wie er war, unter allen Menschen nur ein einziges Mal gab und daß er deshalb auf seine besondere Weise für die Welt wichtig war.

So konnte Momo zuhören![20]

- Wie sind Sie als Kind mit Streitsituationen umgegangen?
- Wer konnte Ihnen gut zuhören?
- Was beobachten Sie bei Ihrem Kind, wenn es Ihnen von seinem Streit und Ärger erzählt?
- Was kann Ihnen helfen, Ihrem Kind zuzutrauen, eine eigene Lösung zu finden?

?

[20] Michael Ende: Momo. Thienemann Verlag. Stuttgart, Wien, Bern 1973, S. 14–16

„Virtuelle Pflanzen brauchen keine Pflege"

Was kann Kinder dabei unterstützen, Freude und Begeisterung für das Leben zu entfalten, eigenständige Ideen und soziale Fähigkeiten zu entwickeln – klug zu werden?

Gerald Hüther betont in seinen Vorträgen drei Dinge, die jedes Kind braucht:

- Aufgaben, an denen es wachsen kann,
- Vorbilder, an denen es sich orientieren kann,
- und Gemeinschaften, in denen es sich aufgehoben fühlt.

Um sich aufgehoben zu fühlen, braucht jedes Kind die Erfahrung, wahrgenommen zu werden, sowohl gehört zu werden, wie auch sich äußern zu können. Und es braucht ein Gegenüber, einen Menschen, der sich interessiert.

Mechthild erzählt begeistert von ihrem Enkelkind Liese, das sich schon mit wenigen Silben oder Gesten verständlich machen kann. Als Liese 16 Monate alt ist, hat sie von ihrer Mutter abgeguckt, andere zuerst mit „Hei!" und einem gleich anschließenden langgezogenen „Naa?" zu

begrüßen. Es macht ihr großes Vergnügen, das überall, wo sie auf andere Menschen stößt, auszuprobieren. Natürlich erntet sie viel Lachen.

Viele Eltern stellen ihren Kindern häufig schon früh Computer, Laptops oder Handys zur Verfügung, weil sie meinen, je früher ein Kind Umgang damit hat, desto mehr wird es lernen. Der zu frühe Einzug der Technik in die Kinderzimmer birgt jedoch auch Gefahren. Das gilt besonders für viele Computerspiele, deren Suchtpotential nicht unterschätzt werden darf.

Der Computerexperte und spätere Kritiker der PC-Technologie, Joseph Weizenbaum, betont, wie wichtig die Pflege der Beziehung ist, die Entwicklung des sozialen Miteinanders, um überhaupt ein tragfähiges Fundament zu haben. Weizenbaum hält praktische Lernfelder für notwendig, in denen Kinder lebendige Beziehungen eingehen können und Verantwortung übernehmen: „Wenn Sie […] dem Kind zugunsten des PC den Umgang mit Tieren erschweren, machen Sie das Gegenteil. Sie schaffen kein Bewusstsein. Sie töten das Prinzip Verantwortung. *Denn virtuelle Pflanzen brauchen keine Pflege.*“ [21]

Zwischen Stiften, Stricknadeln – und Matsch

Der Einsatz des Computers ist in Familien und in vielen Grundschulen selbstverständlich geworden und ganz sicher lässt sich diese Entwicklung nicht mehr zurückdrehen. Umso mehr kommt es darauf an, einen guten Umgang damit zu finden und sich der damit verbundenen Möglichkeiten und Gefahren bewusst zu sein. Für Eltern und Lehrerinnen ist es heute nicht mehr die Frage, ob sie Kinder an den Umgang mit dem PC heranführen wollen, sondern wie und ab wann. Die zweite, ebenso wichtige Frage lautet, ob und wie es ihnen selbst gelingt, mit der rapiden Veränderung der PC- und Internet-Technologie Schritt zu halten. Womit Jugendliche selbstverständlich umge-

[21] Johannes und Martina Hartkemeyer: Die Kunst des Dialogs. Kreative Kommunikation entdecken. Erfahrungen, Anregungen, Übungen. Klett-Cotta. Stuttgart 2005. S. 141

hen, bleibt für Lehrer, Eltern und erst recht Großeltern oftmals suspekt.

Die Zeit einfacher Antworten ist lange vorbei. Auch Lehrer an Waldorfschulen, die PCs im Unterricht erst in höheren Klassen einsetzen, berichten davon, dass ihre Schüler in wachsendem Maß von der ersten Klasse an Zugang zu TV, Playstation, Smartphone, PC, Laptop, MP3-Player etc. haben, weil diese Geräte inzwischen in fast allen Haushalten vorhanden sind und täglich genutzt werden. Auf langen Busfahrten verkürzen im Internet verfügbare und schnell aufs Handy geladene Spiele die Zeit.

Fußwege oder Radfahrten zur Schule machen wach und munter. Die Kinder kommen entspannt und aufgeweckt in der Klasse an. Nach langen Busfahrten, auf denen sie sich mit dem Gameboy oder Smartphone beschäftigen, sind sie im Unterricht aufgekratzt, überdreht und angespannt.

Welche Antworten gibt es auf dieses Problem? Ist es sinnvoll, die Kinder, so lange es geht, davon abzuhalten, den PC zu benutzen und stattdessen immer wieder ein Angebot mit „Papier und Bleistift“, mit „Wasser und Matsch“ zu machen, bei dem sie sinnliche Erfahrungen in der realen Welt machen?

Der Ulmer Psychiatrieprofessor Manfred Spitzer spricht sich sehr deutlich gegen eine frühe Befassung von Kindern mit Internet und Computern aus. „Digitale Medien schaden dem Gedächtnis, sind zur Förderung des Lernens ungeeignet und machen süchtig“, formuliert der Mediziner. Er spricht sogar von „geistigem Abbau durch Computernutzung“.

Der erfahrene Psychiater stellt den Einsatz digitaler Medien in Lernprozessen grundsätzlich in Frage. „Computer nehmen uns ja geistige Arbeit ab. Und wenn man weiß, wie das Gehirn funktioniert, nämlich dass geistige Arbeit im Gehirn Spuren hinterlässt, dann kann es gar nicht anders sein, dass Computer sozusagen Lernverhinderungsmaschinen sind.“ Spitzer betont weiter, dass auch die

© Johann Mayr

Pisa-Studien zeigen, dass „diejenigen, die einen Computer zu Hause haben, in der Schule genau deswegen schlechtere Noten" haben.

Spitzer fordert die Eltern auf, ihre Verantwortung wahrzunehmen und „nicht zuzulassen, dass die Köpfe der nächsten Generation durch digitale Medien weiter so vermüllt werden, wie dies gerade geschieht".

Die umstrittenste Frage ist die nach dem richtigen Alter für den Umgang mit PCs. Spitzer sagt: „Computer gehören nicht ins Kinderzimmer, nicht in den Kindergarten und nicht in die Grundschule, weil sie nachgewiesenermaßen negative Auswirkungen auf die Bildung haben".[22]

Uns gibt diese eindeutige Kritik von Manfred Spitzer, mit der er nicht alleine steht, zu denken.[23] Neben Wissenschaftlern und Fachleuten leisten auch Schulen und Kindergärten Widerstand gegen die frühe Technisierung. Weit über die USA hinaus fand ein Artikel in der New York Times über die *Waldorf School of the Peninsula* Beachtung, die „Silicon Valley Schule, die keine Computer nutzt". Der Autor Matthew Richtel beginnt: „Der Technologieleiter von Ebay schickt seine Kinder hier in die neunklassige Schule. So auch Mitarbeiter der Silicon Valley Giganten Google, Apple, Yahoo und Hewlett-Packard."[24]

Und Matthew Richtel fährt fort: „Aber die hauptsächlichen Lernmittel der Schule sind alles andere als hochtechnisiert: Stifte und Papier, Stricknadeln und – gelegentlich – Matsch. Kein einziger Computer zu finden. Bildschirme gar nicht. Sie sind im Klassen-

---

22 Manfred Spitzer in einem Interview mit der NOZ, 3.8.2012

23 Manfred Spitzer, in NOZ 17.2.2012, „Das Ende der Kreidezeit?"

24 „The chief technology officer of eBay sends his children to a nine-classroom school here. So do employees of Silicon Valley giants like Google, Apple, Yahoo and Hewlett-Packard. […] But the school's chief teaching tools are anything but high-tech: pens and paper, knitting needles and, occasionally, mud. Not a computer to be found. No screens at all. They are not allowed in the classroom, and the school even frowns on their use at home. […] the Waldorf School of the Peninsula, one of around 160 Waldorf schools in the country that subscribe to a teaching philosophy focused on physical activity and learning through creative, hands-on tasks. Those who endorse this approach say computers inhibit creative thinking, movement, human interaction and attention spans."

zimmer nicht erlaubt und auch zu Hause ist ihr Gebrauch nicht gern gesehen. Die Waldorf School of the Peninsula, eine der rund 160 Waldorfschulen im Land, hat sich einer Lehrphilosophie verschrieben, die sich auf physische Aktivitäten und Lernen durch kreative, handgreifliche Arbeit konzentriert. Die Befürworter dieses Ansatzes sagen, dass Computer kreativem Denken, Bewegung, menschlichen Beziehungen und der Konzentrationsdauer im Wege stehen."

Auch in deutschen Waldorfschulen und einigen anderen alternativen Schulen bleibt der Umgang mit dem Computer älteren Kindern vorbehalten. Ab Klasse 6 für Referate und ab Klasse 9 als Unterrichtsfach, so heißt es beispielsweise in der Freien Waldorfschule Evinghausen, um die Kinder zunächst zu ermutigen, sich direkt mit Menschen, mit Materialien oder Büchern zu beschäftigen. Wesentliche Überlegung dabei: Je früher die Kinder mit dem PC umgehen, desto größer ist die Suchtgefährdung. Wenn sie in jungem Alter ihre Kreativität in freiem Spiel und durch handwerklich greifbare Materialien entwickeln konnten, werden sie später den Umgang mit der PC-Technik schnell lernen und sich auch dort entfalten können. Eine frühere Einführung der Technik kann diese kreative Basis nicht schaffen. Im Gegenteil: Es ist wichtig, im Blick zu behalten, dass wir die Entfaltung von Kreativität, Eigeninitiative und Beziehungsfähigkeit dadurch nicht verhindern. Interessant ist dabei, dass offenbar auch versierte Computerspezialisten zu dieser Erkenntnis kommen. Hier und da.

Christian Pfeiffer, engagierter Jurist und Kriminologe, beobachtet bei seinen Untersuchungen eine deutlich stärkere Gefährdung der Jungen.

Grundsätzlich gilt für beide Geschlechter. „Je mehr Zeit Schülerinnen und Schüler mit Medienkonsum verbringen und je brutaler dessen Inhalte sind, desto schlechter fallen die Schulnoten aus." Wer täglich vier bis sechs Stunden mit Computerspielen verbringt, verdummt. [25]

Was heißt das nun für den Familienalltag?

---

[25] Christian Pfeiffer et al: Die PISA-Verlierer – Opfer ihres Medienkonsums. Studie des KfN. Hannover 2007: „Bereits 38,1 Prozent der 10jährigen Jungen und nur 15,6 Prozent der 10jährigen Mädchen gaben an, in ihrem Kinderzimmer eine Spielkonsole zu besitzen."

Manche Kinder genießen es, sich ihre Lieblings-CD ungestört anzuhören, und es ist entlastend, wenn technische Geräte uns da ihre Dienste erweisen. Das persönliche Vorlesen kann jedoch durch keine CD ersetzt werden. Kinder lieben die Zeit des Vorlesens, weil das für sie mit einer besonderen Atmosphäre verbunden ist: im Bett zu liegen oder sich auf das Sofa zu kuscheln und Mutter, Vater, Oma oder Opa nimmt sich Zeit. Auch unruhige Kinder werden aufmerksam und hören gespannt zu, wenn sie die Geschichte selbst aussuchen durften. „Und inzwischen liest Ramona schon zwischendurch ihrem kleinen Bruder vor. Das ist für uns alle die schönste Zeit des Tages", erzählt Renate, Mutter von zwei Kindern (7 und 5 Jahre).

Donnerstagsabend um 18.00 Uhr war in der Osnabrücker Straße „Märchenstunde". Dann kamen sechs Kinder aus drei Nachbarsfamilien bei Oma Lieschen zusammen, um der Fortsetzung des Buches zu lauschen, das sie gemeinsam ausgewählt hatten. Tee und Brote standen bereit, aber es dauerte lange, bis die Kinder ihr Abendessen verzehrt hatten, weil sie beim Zuhören vor lauter Spannung das Essen ganz vergaßen …

- Wie viel Zeit hat das Fernsehen in meiner Kindheit eingenommen?
- Wer hat mir früher vorgelesen?
- Wann empfinde ich den Einsatz technischer Geräte als entlastend?
- Was brauche ich, um mit Genuss vorlesen zu können?
- Zu wem gehen meine Kinder gerne? Wer liest ihnen gerne vor?

„Was ist Glück?“

Der kleine Emil aus dem zauberhaften Buch „Opa Henri sucht das Glück“[26] *hat in Opa Henri jemanden, mit dem er über alles nachdenken und reden kann. Sein Großvater hat auf fast alles eine Antwort. Einerseits bewundert Emil seinen Opa dafür, andererseits ärgert es ihn auch. So überlegt Emil lange, welche Frage er seinem Opa stellen könnte, auf die er nicht sofort eine Antwort bekommt. Als er fragt, „Was ist Glück?“, kommt sein Opa tatsächlich ans Nachdenken. Er überlegt in*

[26] Daniela und Isabella Cianciarulo: Opa Henri sucht das Glück. Annette Betz. Wien 2008

der Badewanne, beim Tee, schaut in Lexika und beobachtet die Menschen um sich herum. Lange braucht er, bevor er Emil eine Antwort geben kann. Und auch danach beschäftigt ihn die Frage weiter ...

Und genau das lieben Kinder: Sie wollen keine schnellen Antworten. Sie wollen sich intensiv mit den Dingen beschäftigen, ihnen auf den Grund gehen, und dafür brauchen sie ein Gegenüber, das Zeit und Geduld aufbringt. In diesem Austausch lernen Kinder genau das, was vielen heute fehlt: Sie lernen, selbst nachzudenken, sich nicht mit einfachen Antworten zu begnügen. Denn manchmal gibt es gar nicht die eine Antwort, es können immer wieder neue Aspekte auftauchen, bis ein Ganzes entsteht, das erst vollständig ist, wenn man alle Puzzleteile aneinanderfügt. Außerdem erleben sie Vielfalt: Es gibt viele Dinge, zu denen man unterschiedliche Meinungen haben kann, die von verschiedenen Menschen unterschiedlich wahrgenommen und beurteilt werden. Es gibt nicht nur gut und böse oder schwarz und weiß, sondern dazwischen unendlich viele Grautöne. Und ein und derselbe Gegenstand kann von zwei Menschen ganz unterschiedlich wahrgenommen werden, wie wir im Alltag oft erleben.

Adelheid malt abstrakte Bilder. Ihr Enkelsohn Bruno erzählt seiner Mutter: „Oma, die will wohl immer malen, aber die kann das gar nicht richtig." Als Bruno das nächste Mal seine Oma besucht, schaut sie sich mit ihm zusammen ihre Bilder an und fragt ihn, was er denn darauf sieht. Nachdem er erzählt hat, sagt seine Oma: „Das finde ich sehr interessant, weil ich etwas ganz anderes sehe", und sie beginnt ihm zu erzählen, was die Farben und Formen für sie bedeuten.

Fragen zu stellen, ist eine Fähigkeit, die Kinder mitbringen, die wir mit ihnen gemeinsam genießen können und die wir auch als Erwachsene nie aufgeben sollten. Denn lebenslanges Lernen gehört zu einem erfüllten Leben, wie auch Genießen dazugehört. Und beides zusammen macht das Ganze aus, wie es der Philosoph und Publizist Richard David Precht auf den Punkt bringt: „Lernen ohne Genießen verhärmt, Genießen ohne Lernen verblödet." [27]

---

[27] Richard David Precht: Wer bin ich – und wenn ja, wie viele? Goldmann. München 2007, S. 16–17

Begeisterung steckt an

Erika erinnert sich noch sehr genau an die Situation, als sie für die Schule einen Aufsatz schreiben musste und nicht so recht wusste, wie sie anfangen sollte. „Wir saßen in der Küche und mein Vater war zu Hause. Er sprühte förmlich vor Ideen, als er zu erzählen begann, welche Abenteuergeschichte er schreiben würde, und seine Begeisterung war ansteckend. Er entwickelte eine so lebendige Geschichte von Siedlern, die mit ihren Planwagen in die Prärie aufbrachen und Abenteuer auf Leben und Tod zu bestehen hatten, dass ich mich noch heute an die Bilder erinnern kann, die vor meinem inneren Auge auftauchten. Und es gelang ihm, meine Begeisterung dabei zu wecken, so dass ich mich durch seine Erzählung nicht klein und unwissend fühlte, sondern ermutigt wurde, nach eigenen Geschichten und Szenen zu suchen, die ich ausschmücken und in lebendigen Farben malen könnte. Ich kann mich nur an dieses eine Mal erinnern, dass er sich so viel Zeit für meine Hausaufgaben nahm – in der Regel war er aufgrund seines Berufs nicht da – aber es hat mich nachhaltig ermutigt, meine eigenen Geschichten in Worte zu fassen, und Deutsch wurde zu einem meiner Lieblingsfächer."

Unersetzbar ist das Interesse aneinander, sich Zeit füreinander zu nehmen, sich füreinander und für die gemeinsame Situation zu begeistern.

- Wann haben Sie als Kind Begeisterung von Eltern oder Freunden gespürt?
- Zeigen Sie Ihrem Kind Ihre Begeisterung für Ihre Arbeit, Ihre Tätigkeiten, Ihre Hobbys?
- Bei welchen Gelegenheiten könnten Sie Anteil an der Begeisterung Ihrer Kinder nehmen?

Verschiedenheit macht lebendig

Eltern machen sich oft Gedanken darüber, ob sie nicht einer Meinung sein müssten, zumindest in wichtigen Erziehungsfragen. Und oft wird es als anstrengend empfunden, wenn Oma und Opa manches so ganz anders sehen. Dabei ist es für Kinder viel wichtiger, wenn sie in ihrem Umfeld einen gedanklichen Reichtum erleben und eine Vielfalt an Einsichten, die ihnen ermöglichen, einen weiten Horizont zu entwickeln.

Wie bereichernd ist es, verschiedene Ansichten zu hören und sich daraus selbst eine eigene Meinung zu bilden. Für Kinder wird es erst schwierig, wenn Eltern es als problematisch empfinden, unterschiedliche Ansichten und unterschiedliche Gefühle zu haben oder eine Meinung zu ändern. Jesper Juul betont, dass es am wichtigsten ist, sich *einig zu sein, dass man uneinig sein darf.*[28]

Unterschiedliche Ansichten entlassen uns allerdings nicht aus der Verantwortung, uns gegenüber Kindern klar zu äußern und sie damit Ernst zu nehmen, sonst testen sie aus, wie weit sie gehen können ...

© Freimut Woessner

- Wie sind Ihre Eltern Ihnen gegenüber damit umgegangen, wenn sie unterschiedlicher Meinung waren?
- Wie gehen Sie innerhalb der Familie mit Unterschiedlichkeit in Erziehungsfragen um?

?

28 Hartkemeyer, Johannes F. und Martina: Die Kunst des Dialogs. 2005, S. 103

Klar und ehrlich

Theo, sechs Jahre alt, ruft einen Tag nach Nikolaus seine Oma an: „Oma, können Marius und ich dich besuchen?“ Oma Helga stimmt sofort zu. Sie freut sich auf den Besuch der Enkel. Als Theo die Tür öffnet, sieht Helga sofort, dass seine Blicke durch die Wohnung schweifen. „Hat der Nikolaus nichts für Marius und mich vorbeigebracht?“ „Nein, Theo, der Nikolaus hat hier nichts für euch vorbeigebracht.“ „Bei Oma Marita hat der Nikolaus aber was für uns dagelassen.“ „Das glaube ich wohl, Theo, aber hier hat er nichts gelassen.“

Obwohl Helga weiß, dass ihre Enkelkinder, besonders Theo, enttäuscht sein werden, hat sie sich entschieden, den Geschenke-Konsum, den ihre Enkelkinder ständig von allen Seiten erfahren, nicht zu unterstützen. Dabei bleibt sie klar und freundlich, ohne sich zu rechtfertigen. Das ist nicht so einfach, weil besonders Großeltern schlecht aushalten können, wenn sie ihre Enkelkinder enttäuschen.

In dem Bilderbuch „Bobo und sein kleiner Bruder werden Freunde" von Paloma und Ulises Wensell hört die Elefantenoma ihrem Enkelkind aufmerksam zu, gibt aber nicht vor, ihm Enttäuschungen nehmen zu können. Der Elefantenjunge „Bobo" ist traurig, weil er mit seinem kleinen Bruder noch nicht spielen kann:

„Enttäuscht läuft Bobo zu seiner Großmutter. ‚Benni ist so klein und tollpatschig. Wie soll ich mit ihm spielen?', beklagt er sich. Die Großmutter seufzt. ‚Babys sind nun mal so. Du musst schon etwas Geduld haben, Bobo.'"[29]

Die Elefantenoma spricht klar und ehrlich mit ihrem Enkelkind – ohne viele Worte zu machen. Sie lässt Bobo mit seiner Enttäuschung weiterziehen und traut ihm zu, damit fertig zu werden.

Für die Qualität unserer nahen Beziehungen ist es wichtig, dass wir Nein sagen können, weil wir zu uns selbst Ja sagen müssen. Jesper Juul geht so weit zu sagen, dass das kostbarste Geschenk von Eltern an ihre Kinder ist, wenn sie sagen, was sie denken, und denken, was sie sagen. Dabei können Eltern lernen, Nein zu sagen, ohne ihr Kind zu kränken oder zu verletzen. Manchmal ist es unumgänglich, aufrichtig zu sein und eventuelle Verletzungen in Kauf zu nehmen. Es hängt von der konkreten Situation und der Beziehung ab, und was uns wichtiger ist. Zu unseren Kindern können wir nur dann „aus vollem Herzen Ja sagen, wenn wir auch zu einem authentischen Nein in der Lage sind."[30]

Nicht immer muss alles ausdiskutiert werden. Auch ein klares Nein kann für die Beziehung zwischen Eltern und Kindern sehr hilfreich sein, ebenso wie klare Regeln zum Tagesablauf und verlässliche Rituale gerade jüngeren Kindern eine Orientierung geben (siehe Seite 40).

Häufig können Kinder (und auch manche Erwachsene) die Frage, wie es ihnen geht, nicht authentisch beantworten. Sie sagen auch dann „gut", wenn es ihnen sichtlich nicht gut geht. Sie können nicht

---

[29] Paloma und Ulises Wensell: Bobo und sein kleiner Bruder werden Freunde. Ravensburger Buchverlag. Ravensburg 2000, S. 7

[30] Jesper Juul: Nein aus Liebe. Kösel. München 2006, S. 15

sagen, „mir geht es nicht gut, weil ich enttäuscht bin oder mich geärgert (oder Angst) habe“, weil sie es auch nicht denken oder fühlen können.

„Es wäre wünschenswert, dass Kinder in Zukunft früh lernen könnten, ihre Gefühle ernst zu nehmen, sie zu verstehen und einzuordnen.[31] Je früher Kinder in der Familie lernen, in sich selbst hinein zu hören, desto eher haben sie später ein Gespür für sich und andere. Kinder brauchen Ermutigung dafür auszusprechen, wie es ihnen geht. Eltern (und Lehrer) sind auch da Vorbilder.

Sich seiner selbst bewusst zu sein bedeutet, zu erkennen und anzuerkennen, wo man Stärken und Schwächen hat, sich nicht zu klein zu fühlen, aber auch nicht zu glauben, man sei „total klasse“ und einfach besser als alle anderen.

Für Kinder ist es einfacher, wenn Eltern ihnen gegenüber klar ihre eigenen Bedürfnisse und Grenzen zeigen. Die Klärung der Beziehung zu den Kindern setzt zunächst einen inneren Klärungsprozess der Eltern voraus:

- Wie fühle ich mich?
- Was brauche ich jetzt?
- Welche Werte sind mir wichtig?
- Welche Bedürfnisse habe ich?

In einem zweiten Schritt geht es darum, das eigene Anliegen in einer persönlichen Sprache zum Ausdruck zu bringen. Wenn die Eltern ihre Bedürfnisse eindeutig formulieren und für sich klare Grenzen setzen – etwa: „Ich brauche abends noch etwas Zeit und Ruhe für mich und möchte deshalb, dass du spätestens um acht Uhr ins Bett (oder in dein Zimmer) gehst“ –, bekommen auch Kinder eine Chance zu lernen, ihre eigenen Bedürfnisse und Grenzen zu sehen und sie zu beachten.

Weiß ich, was ich möchte, wenn ich mit meinem Kind rede? Ob ich wirklich etwas brauche oder etwa „nur“ Dampf ablasse, weil ich genervt bin? Wenn ich mir meiner eigenen Bedürfnisse bewusst bin, kann ich mein Anliegen an das Kind klarer formulieren. Hinter ge-

[31] Alice Miller, in: Michaela Glöckler: Macht in der zwischenmenschlichen Beziehung. Mayer. Stuttgart, Berlin 1997, S. 41

nervtem Schimpfen wie: „Häng doch nicht so schief auf dem Stuhl rum!", kann sich auch verstecken: „Ich bin müde und würde mich freuen, wenn du mir eben für eine Weile helfen könntest!" oder: „Lass nicht immer deine dreckigen Schuhe im Flur rumstehen!", heißt vielleicht „übersetzt": „Der Einkauf ist noch im Auto. Hilfst du mir dabei, alles ins Haus zu bringen?"

So wichtig es ist, viel mit Kindern zu reden und sich als Eltern klar zu zeigen, gibt es auch Themen, die nicht mit Kindern besprochen werden sollten. Wenn Eltern sehr mit eigenen Problemen oder Ängsten beschäftigt sind oder schwerwiegende Konflikte untereinander haben, müssen sie das mit anderen Erwachsenen besprechen. Kleine Kinder sind damit überfordert und es kann bei ihnen, manchmal sogar anhaltend, Ängste und Unsicherheiten hervorrufen.

- Mit wem konnten Sie als Kind über Ihre Gefühle und Sorgen reden?
- Wem teilt Ihr Kind seine Gefühle und Sorgen mit?

Pause in der Grundschule

Einige Lehrerinnen sitzen vor dem Schulgebäude zusammen und trinken ihren Kaffee. Ein kleines Mädchen kommt auf sie zu. Es bittet seine Lehrerin, ihm das Schuhband wieder zuzubinden. „Das kann ich noch nicht allein!"

„Ja, einen Augenblick", antwortet die Lehrerin freundlich. „Ich trinke eben meinen Kaffee auf."

Sie nippt noch einmal an ihrer Kaffeetasse, tunkt ihr obligatorisches, neben der Tasse liegendes Zuckerstück ein, nimmt noch einen Schluck, schaut zu ihrer Kollegin, die etwas erzählt, antwortet engagiert.

Das Mädchen wartet geduldig und entspannt. Es hat seinen Fuß mit dem offenen Schuhband ein wenig vorgestreckt. Kurz schaut es zu seinen Klassenkameradinnen hinüber, die auf dem Schulhof spielen.

Die Lehrerin nippt wieder an ihrem Kaffee und trinkt ihn jetzt ganz aus. Sie beugt sich zu der Schülerin hinunter und bindet ihr das Schuhband zu. Das Mädchen bedankt sich strahlend und läuft gera-

dewegs zu der Gruppe von Freundinnen hinüber, deren Spiel es sich wieder anschließt.

- Wie haben Sie gegenseitigen Respekt gelernt?
- Welche positiven/negativen Erinnerungen haben Sie an Situationen, in denen Sie um etwas gebeten haben?
- Was hilft Ihnen, Ihr Kind auch einmal warten zu lassen?
- Was lernen Kinder von unserem Verhalten?

?

Dialogische Kompetenz: Radikaler Respekt

Kinderbücher über kleine Prinzessinnen wie „Lillifee“ [32] sind äußerst erfolgreich. Nicht nur die Bücher, auch die dazugehörigen Markenartikel verkaufen sich tausendfach und stehen bei kleinen Mädchen hoch oben auf der Wunschliste. Wie aber begegnen wir kleinen Mädchen, die in ihrem Prinzessinnen-Sein so sehr aufgehen, dass sie sich beim Spielen nicht schmutzig machen und immer nur nett und liebenswert sein wollen? Was können Eltern tun, wenn sie merken, dass diese Rolle ihre Tochter schwächt, sie ihre eigenen Fähigkeiten nicht mehr wahrnimmt? Manchmal verändern schon die Kleidung, Jeans und T-Shirt statt feinem Kleidchen, die eigenen Möglichkeiten, sich zu bewegen und an lebendigen Spielen teilzunehmen.

Eltern, die ihren Kindern respektvoll begegnen, nehmen auch sich selbst und ihre eigenen Bedürfnisse ernst, respektieren sich selbst. Wenn Sie sich ernst nehmen, kommen Sie gar nicht darauf, Ihre Kinder von vorn bis hinten zu bedienen, ihnen ständig ihre Spielsachen hinterher zu räumen, dann finden Sie auch einen Zeitpunkt, um Ihre eigenen Bedürfnisse anzumelden und sich mit Ihrem Kind zu einigen. Natürlich kann eine besorgte Mutter mal ein vergessenes Schulbrot oder Sportzeug zur Schule bringen. Wenn Sie merken, dass sich diese Fälle häufen und Sie darauf zunehmend genervt reagieren, könnte es an der Zeit sein, die übernommene Verantwortung wieder abzugeben.

---

32 Coppenrath Verlag, Münster

Kinder können nur lernen, dass ihr Verhalten Konsequenzen hat, wenn sie diese Konsequenzen auch spüren. Ein zu Hause vergessenes Brot kann eben in der Schule nicht gegessen werden, vergessenes Sportzeug führt dazu, den Unterricht von der Bank aus zu betrachten. Beides kann helfen, beim nächsten Mal daran zu denken, alles Nötige einzupacken. Wird stattdessen erwartet, dass Mutter ja gleich kommt, um das Vergessene zu bringen, richtet sich der Ärger auf sie, wenn sie diesen Service nicht zuverlässig bietet.

Vater und Mutter tragen als Erwachsene die Verantwortung für die Beziehung zum Kind. Sie helfen ihrem Kind, gelassen zu bleiben, wenn mal etwas schief läuft, indem sie selbst ruhig bleiben und kleine Pannen nicht als Drama betrachten, sondern als Teil des Lebens, das immer unperfekt und wechselvoll, eben lebendig ist.

Eure Kinder sind nicht eure Kinder

Eure Kinder sind nicht eure Kinder.
Sie sind die Söhne und Töchter der Sehnsucht des Lebens nach sich selber. Sie kommen durch euch, aber nicht von euch.
Und obwohl sie mit euch sind, gehören sie euch doch nicht.
Ihr dürft ihnen eure Liebe geben, aber nicht eure Gedanken,
denn sie haben ihre eigenen Gedanken.
Ihr dürft ihren Körpern ein Haus geben, aber nicht ihren Seelen,
denn ihre Seelen wohnen im Haus von morgen, das ihr nicht besuchen könnt, nicht einmal in euren Träumen.
Ihr dürft euch bemühen, wie sie zu sein, aber versucht nicht, sie euch ähnlich zu machen.
Denn das Leben läuft nicht rückwärts, noch verweilt es im Gestern.
Ihr seid die Bogen, von denen eure Kinder als lebende Pfeile ausgeschickt werden.
Der Schütze sieht das Ziel auf dem Pfad der Unendlichkeit,
und er spannt euch mit seiner Macht, damit seine Pfeile schnell und weit fliegen.
Lasst euren Bogen von der Hand des Schützen auf Freude gerichtet sein;
denn so wie er den Pfeil liebt, der fliegt, so liebt er auch den Bogen, der fest ist. [33]

Khalil Gibran, arabischer Dichter, 1883–1931

[33] Khalil Gibran: Der Prophet. Patmos Verlag. Düsseldorf, Zürich 2006, S. 24–26

Reisen in fremde Welten

„Lesen, das ist wie fliegen, fliegen aus unserer Küchentür hinaus hoch über die Bäume im Garten hin und weiter, immer weiter in ferne Länder und ferne Welten. […] Lesen, das ist wie segeln, segeln den Bach hinter dem Garten hinab und weiter, immer weiter durch reißende Ströme und endlose Meere."

Lillimaus, die einzige unter den Mäusen, die sich traut, dem „überaus starken Willibald" Paroli zu bieten, erklärt den anderen Mäusen, welche Bedeutung Lesen für sie hat, und wie sehr sie das Lesen von Geschichten genießt: *„Wenn ich sie in der Länge und Breite gelesen habe, dann lese ich sie in der Tiefe." […] „Ich hätte niemals gedacht, dass Geschichten so gewaltig und so wirksam sein können. Aber heute bin ich überzeugt, Geschichten sind stark und können eine Maus verändern."*[34]

[34] Willi Fährmann: Der überaus starke Willibald. Arena-Verlag. Würzburg 1983, S. 68, S. 69, S. 75, S. 120–121

Nicht nur lesekundigen Mäusen öffnen Bücher Türen in fremde Welten. Auch Kinder können nicht alles selbst erleben. Aber im Geiste können sie in den Dschungel reisen und über die Weltmeere segeln, auf wilden Pferden über die Prärie reiten und zu versunkenen Schiffen in dunkle Tiefen hinabtauchen. Schon Astrid Lindgren meinte: „Alles, was an Großem in der Welt geschah, vollzog sich zuerst in der Phantasie eines Menschen, und wie die Welt von morgen aussehen wird, hängt in großem Maße von der Einbildungskraft jener ab, die gerade jetzt lesen lernen.“ [35] Lesen eröffnet ganz andere innere Welten als ein Kinobesuch oder ein Spiel am PC. Bevor „Ronja Räubertochter“ und „Momo“ in die Kinos kamen, hatte jedes Kind, das die Bücher gelesen hatte, ein eigenes Bild seiner Helden im Kopf – selbst erschaffen und mit ganz individuellen Gesichtszügen. Erst der Kinobesuch schaltet die Gesichter gleich – und die Phantasie aus.

Wenn Eltern oder Großeltern vorlesen und dabei mit den Kindern oder Enkeln kuscheln, wenn Kinder im Kindergarten eng beieinander sitzen, auf dem Boden oder auf Matratzen liegen und zuhören, dann ist das Aufgehobensein spürbar. Das gemeinsame Erleben wirkt sehr nachhaltig: Für Luise ist der alte, dunkle Ausziehtisch aus der Stube der Großeltern, an dem Opa Wilhelm an langen Winterabenden ihr und ihren Brüdern vorlas, bis heute verbunden mit der intensiven Erinnerung an diese Märchenabende.

Thorsten war fünf Jahre alt, als seine Mutter ihm und seinen beiden Geschwistern die Geschichten vom „Räuber Hotzenplotz“[36] vorlas. Er hatte eine unbändige Freude daran. Besonders beeindruckte ihn, mit wie viel Frechheit sich Räuber Hotzenplotz traute, etwas zu fordern, was ihm gar nicht gehörte. So verlangte er zum Beispiel ganz frech die Kaffeemühle der Großmutter: „Her mit dem Ding da!“

Schon am Ende des 1. Schuljahres las Thorsten das ganze Buch noch einmal alleine. Das Vorlesen hatte ihn dazu ermuntert, jetzt wollte er die Geschichte ganz alleine und in aller Ruhe noch einmal genießen.

---

[35] http://www.astridlindgren.se, 28.7.2013

[36] Otfried Preußler: Der Räuber Hotzenplotz. Thienemann Verlag. Stuttgart, 21. Aufl. 1973

Obwohl selbst durch das Fernsehen bekannt geworden, betont der Physiker, Wissenschaftsjournalist und TV-Moderator Ranga Yogeshwar: „Das Vorlesen ist die persönlichste Art der Wissensvermittlung, geprägt von Zuneigung und Offenheit. Wer seinen Kindern vorliest, weckt die Neugier und öffnet ihnen Türen ins Leben."[37] Vielen Kindern, die zu Hause nie oder selten vorgelesen bekommen, fällt es später schwer zuzuhören. Sie haben einfach nicht gelernt, beim Vorlesen eigene innere Bilder zu entwickeln. In der Grundschule langweilen sie sich während des Vorlesens sichtlich, weil es ihnen schwerfällt, zuzuhören und ihrer Phantasie freien Lauf zu lassen.

John zog als achtjähriger Junge aus Libyen nach Deutschland. Als er in die Schule kam, sprach und verstand er kein Wort Deutsch. Schon nach ein paar Tagen konnte er die ersten wichtigen Dinge verstehen und mit Ja oder Nein antworten. Auch mit seinen Klassenkameraden konnte er sich verständigen, ohne dass die Erwachsenen genau wussten, wie. Er schaffte es schon nach zwei Wochen, sich mit einer Klassenkameradin, die ihm vom Schulbus aus gezeigt hatte, wo sie wohnt, zu verabreden und nachmittags mit ihr zu spielen.

Bei normal bis gut begabten Kindern, die emotional gut versorgt sind, aber ohne jegliche Deutschkenntnisse in die Schule kommen, dauert es in der Regel maximal ein Jahr, bis sie alleine durch Zuhören und viel Kontakt gut Deutsch sprechen können. Emotional schlechter versorgte Kinder brauchen dagegen deutlich länger. Sprechen lernen basiert – wie anderes Lernen auch – auf positiven Grundgefühlen und wird verzögert, wenn Unsicherheit und Ängste ein Kind blockieren.

Ein Projekt der Vorleseinitiative „Ibbenbürener Ohrenbär"[38], von der lokalen Stadtbücherei initiiert, knüpft an dem gegenseitigen Interesse der Kinder an. Ein Bilderbuch wird in zwei Sprachen vorgelesen, in Deutsch und in der Sprache, die andere Kindergartenkinder als Muttersprache sprechen. Das lässt alle aufhorchen und die fremde

[37] Ranga Yogeshwar in einem Interview mit dem DB Magazin 8/2011, S. 66

[38] http://www.kiste-ibb.de/projekte/neus-logo-neuer-fleyer, 28.7.2013

Sprache schätzen. Auch die deutschsprachigen Kinder werden neugierig auf die faszinierende andere Sprache und sehen ihre fremdsprachigen Altersgenossen plötzlich mit ganz anderen Augen.

- Erinnern Sie sich an ein Buch, das Sie besonders geliebt haben?
- Was sind die Lieblingsbücher Ihrer Kinder?

Musik weitet das Herz – die Gabe der Götter

Maria erzählt mit Freude, dass ihre sechs Enkelkinder (8, 6, 6, 4, 4, 3 Jahre alt) während einer fast einstündigen Autofahrt alle Lieder sangen, die sie gelernt hatten. Es handelte sich dabei um einfache Kanons, die endlos wiederholt werden konnten wie „Hejo, spann den Wagen an“, Lieder mit vielen Strophen, die man selbst ergänzen und ausschmücken kann („Grün, grün, grün sind alle meine Kleider“) oder einfache Lieder, die mit neuen Texten versehen wurden („Alle meine Entchen“, ... Schiffchen, ... Pferdchen), so dass die Kinder sich gegenseitig zu immer neuen Variationen inspirierten.

Nun gehen Marias Enkelkinder in die Waldorfschule und den Waldorfkindergarten, in denen musische Fächer großgeschrieben werden. Maria ist auch die Mutter der jungen Frau, die ihre Kinder abends alleine oder mit ihrem Mann in den Schlaf singt (siehe Seite 40). Wen wundert es da, dass die Kinder viele Lieder kennen und gerne singen.

Vielleicht erinnern auch Sie sich an Situationen, in denen Lieder gesungen oder geschmettert wurden, zum Beispiel im Ferienlager oder auf Klassenfahrt, und wie sehr dadurch ein Gefühl der Zusammengehörigkeit entstanden ist. Musik verbindet, da sie unabhängig von der jeweiligen Sprache von jedem verstanden wird. Jeder erkennt an der Melodie oder an dem Klang, ob ein Lied Trauer oder Freude ausdrückt.

Wenn wir hinausgehen in Wald, Feld und Wiese und uns von den vielen störenden Geräuschen der Zivilisation entfernen, dann hält auch die Natur Musik für uns bereit, die besonders wohltuend ist: „Das Murmeln eines Flusses, der Ton des Froschquakens am Ufer, das Rascheln der Blätter im Wald, all diese natürlichen Töne sind Musik – wahre Musik“ und es ist wichtig, darauf zu achten, dass unsere Kinder die Fähigkeit, „den Ruf eines Vogels oder den Ton des Windes als Lieder zu hören“, nicht verlieren. [39]

Schon Babys genießen ihre Stimme und experimentieren damit, indem sie mit den Lippen prusten, brummen, flüstern oder andere Töne erzeugen. Und es lässt sich unschwer erkennen, wie zufrieden sie dabei sind. Die Pädagogin, Literatur- und Musikwissenschaftlerin Donata Elschenbroich weist darauf hin, dass „jeder Mensch mit der Erfahrung von Rhythmus geboren [ist], dem Herzschlag der Mutter, und mit einem Musikinstrument, der Stimme.“ Sie ist davon überzeugt, dass Kinder von Natur aus musikalisch sind und dass „nicht musikalisch zu sein, erlernt [ist].“ Kleine Lieder oder das Summen einer Melodie nehmen schon Babys als freundliche Zuwendung wahr. Und je früher und regelmäßiger Eltern mit ihren Kindern singen, desto positiver und nachhaltiger ist die Wirkung. Es gibt Länder, zum Beispiel Ungarn, in denen Lieder und Singen eine viel größere Rolle spielen als bei uns. Inzwischen gibt es hierzulande viele Kinder, die zu Hause gar keine Kinderlieder mehr lernen. Umso schöner ist es, wenn Eltern und Großeltern viel mit ihren Kindern und Enkelkindern singen, weil sie einfach Freude daran haben. Nachgewiesenermaßen setzt Gesang Glückshormone frei und führt zu innerer Ruhe und Zufriedenheit. Musik „bildet Geist und Seele des Kindes weit über das rein Musikalische hinaus. Sie erfasst das ganze

[39] Tom Hodgkinson: Leitfaden für faule Eltern. Rogner & Bernhard. Berlin 2009, S. 162

Kind, fördert Intelligenz, innere Ausgeglichenheit – Denken, Fühlen, Handeln gleichermaßen."[40]

Musik und Gesang gilt bei vielen Naturvölkern als *Gabe der Götter*. Sie bietet uns einerseits die Möglichkeit, unsere Gefühle wahrzunehmen, und andererseits auch unsere Gefühle auszudrücken. Musik zaubert nicht nur kleinen Kindern ein Lächeln aufs Gesicht – sie lädt auch Erwachsene zu Bewegung und Tanz ein. Der Musikpädagoge und Komponist Carl Orff (1895–1982) hat das früh erkannt und ein Instrumentarium, die so genannten Orff-Instrumente wie Glockenspiel, Xylophon und Trommeln, geschaffen, mit dem alle Kinder selbst Musik machen können, also Musikalität aktiv erleben. Und das macht Spaß!

Musik spricht Körper und Geist an, sie geht direkt ins Herz, wenn man sie hört oder selber macht. Ihre Strukturiertheit erfordert genaues Hinhören und Aufmerksamkeit ebenso wie ein Sich-Einordnen in ein vorgegebenes Konzept. Musizieren braucht einerseits Disziplin und lädt zugleich Kreativität und Gefühle ein, sich zu äußern – denken wir an das Schlagzeug, die Trommel, das Klavier. Jugendliche rappen gern, beim Rapp wird der Rhythmus der Sprache im Musikrhythmus lebendig. Kinder, mit denen in Kindergarten und Grundschule gesungen und zu Liedern geklatscht und getanzt wird, kann man dabei beobachten, wie sie selbst eigene Melodien, Texte, neue Lieder singen und erfinden – was für ein einfaches, aber so wichtiges Vergnügen! Musik ist auch eine gute Möglichkeit, Kinder zusammenzuführen oder wieder ruhig werden zu lassen. Und haben Sie keine Sorge, es geht nicht um die Perfektion eines Liedes, das Sie singen – die Freude daran, es einfach zu tun, wiegt jede falsche Note wieder auf!

In Afrika gibt es Stämme, in denen bei der Geburt eines Kindes Nachbarinnen ein Lied singen, das das Kind dann ein Leben lang begleitet und ihm immer wieder Halt geben kann. Ähnlich erlebt Ronja Räubertochter das Wolfslied, ein Lied, das Lovis vom ersten Tag an abends für ihre Tochter singt und das sie später, wenn ihre Mutter nicht da ist, selbst singt (siehe Seite 41).

---

[40] Donata Elschenbroich: Weltwissen der Siebenjährigen. Wie Kinder die Welt entdecken können. Goldmann. München 2001, S. 229, S. 231

- Wer hat in Ihrer Kindheit mit Ihnen gesungen?
- Welche Lieder Ihrer Kindheit sind Ihnen in Erinnerung geblieben?
- Wo kommt Ihr Kind mit Musik in Berührung?
- Was beobachten Sie dann bei Ihrem Kind?
- Wo und mit wem singt oder musiziert Ihr Kind gerne?

?

3. Freiheit fordert heraus

„Ronja streunte im Wald herum, wie sie es immer tat. Dort war es jetzt so still geworden, aber auch im Herbstwald fühlte sie sich wohl. Das Moos auf dem Boden war feucht und grün und weich unter ihren bloßen Füßen. Es roch so gut nach Herbst, und die Äste glänzten vor Nässe. Oft regnete es. Aber sie saß gern zusammengekauert unter einer dichten Fichte und hörte dem leisen Tröpfeln zu.“[41]

So wie Ronja Räubertochter Zeit hat, einfach nur durch den Wald zu streunen, den Herbst zu riechen, unter einer dichten Fichte zu sitzen und, wenn es regnet, dem leisen Tröpfeln zuzuhören, brauchen auch unsere Kinder Zeiten, in denen sie nicht verplant sind, in denen sie nichts tun müssen, sondern einfach nur dasitzen dürfen.

Verplante Kindheit

Wie sieht es damit heute aus? Viele Eltern sorgen sich schon früh um eine optimale Ausnutzung der freien Zeit ihrer Kinder. So gibt es möglichst für jeden Nachmittag ein anderes Programm: montags Judo (macht selbstbewusst und angstfrei) – dienstags Musikunterricht (je früher, desto wirksamer) – mittwochs Reiten (Umgang mit Tieren stärkt das Verantwortungsgefühl) – donnerstags Kreativ-Workshop im Jugendzentrum (die haben dort immer so nette, ganz unterschiedliche Angebote) – freitags Mathe-Nachhilfe (besser, man bleibt am Ball, damit es gar nicht zu Schwierigkeiten kommt) – und am Wochenende werden nochmal alle Hausaufgaben kontrolliert ... Mutter hört die Vokabeln ab und sorgt dafür, dass die Musikstücke auch alle lange genug geübt werden. (Ehrlicherweise möchten wir er-

---

41 Astrid Lindgren: Ronja Räubertochter. 1982, S. 69

wähnen, dass wir als junge Mütter uns selbst von diesem Druck nicht immer freimachen konnten ...)

Kinder können eigene Fähigkeiten, eigene Fragen, eigene Wege eher entwickeln, wenn sie nicht nur das tun, was ihnen vorgegeben wird. Um einen weiteren Blick zu bekommen und nicht eng und schmalspurig zu denken, brauchen Kinder Freiraum für möglichst vielfältige und unterschiedliche Erfahrungen: Sie brauchen Zeit und Muße, um eigene Interessen zu entdecken und ihnen nachzugehen. Es ist nicht ganz unwahrscheinlich, dass die stetige Zunahme von Depressionen unter Jugendlichen in der extremen Verplanung und Unterdrückung jeglicher Eigeninitiative ihren Anfang findet. Ganz zu schweigen von der fatalen Wirkung des „Taxi-Unternehmens Mutter", das eine konsumorientierte Haltung des Sich-bedienen-lassens eher fördert als das Einstehen für seine Interessen mit eigener Kraft.

Tobias, zwölf Jahre, wollte zum Judo. Das fand in die Turnhalle des Nachbardorfes statt. Busse fuhren nur ungünstig und umständlich, bringen konnte ihn keiner. Da lohnte es sich, sein Fahrrad zu pflegen, wollte er damit fahren. Und er fuhr bei Wind und Wetter, einige Jahre lang, solange er sich für den Sport begeisterte.

Das Wissen um die Notwendigkeit von Freiräumen für eine eigenständige Entwicklung nimmt Eltern allerdings nicht die Sorge, ob alles auch gutgehen wird – die gilt es oftmals einfach auszuhalten. Tobias Eltern gestehen heute, dass sie besonders im Winter durchaus erleichtert waren, wenn Sohn und Töchter, die ebenfalls einige Kilometer per Rad zurücklegten, abends im Dunkeln endlich wieder daheim waren.

Sich Sorgen machen zu dürfen, ist eine Sache; damit die Kinder zu verunsichern, eine andere. Eine noch so „fürsorglich" gemeinte „Belagerung" zu vermeintlichen Schutzzwecken zu errichten, erweist sich auf lange Sicht nicht nur als Kräfte zehrend für die Eltern, sondern als entmündigend für die Kinder. Es braucht Vertrauen in die Kompetenz des Kindes. Die Sicherheit, dass alles gutgehen wird, gibt es nicht.

„Ein verletztes Knie wird wieder heil; verletzter Mut kann sich ein Leben lang auswirken", betonte der 1972 verstorbene Psychiater und Publizist Rudolf Dreikurs, dessen Bücher über viele Jahrzehnte nichts an ihrer Aktualität eingebüßt haben. Und: „Kinder brauchen einen Platz, wo sie wachsen und ihre Fähigkeit, gefährliche Situationen zu meistern, entwickeln können." [42]

- Was war Ihnen als Kind wichtig?
- Wofür haben Sie Ihre ganze Kraft eingesetzt?
- Was ist Ihnen als Eltern heute wichtig?
- Was hilft Ihnen, für Ihre eigenen Interessen einzustehen?
- Wie gelingt es Ihnen, Ihre Kinder vor dem Erwartungsdruck anderer zu schützen?

Freie Räume für lange Weile

Der kleine Barak Obama musste, während seine Mutter einen wichtigen Termin wahrnahm, eine ganze Weile alleine in einem Raum warten, in dem es kein Spielzeug gab. Das einzige, was er dort vorfand, waren Zeitschriften für Erwachsene. Nach kurzer Zeit hatte er ein eigenes Spiel erfunden. Er schaute sich zunächst einmal nur die Bilder in den Zeitschriften an, ohne die Texte zu lesen. Er stellte sich die Aufgabe, nur anhand der Bilder herauszufinden, um was es wohl ging. Erst danach las er die Texte und bekam eine Bestätigung oder auch nicht. Als seine Mutter nach einer Weile wiederkam, war er völlig vertieft in „sein Spiel". [43]

Der Umgang mit Langeweile will gelernt sein. Es braucht die innere Bereitschaft des Kindes, sich auf etwas einzulassen – was vor allem heute nicht leicht ist, wenn so viele Anreize und Erlebnisse von außen kommen, so viel an Zerstreuung und Ablenkung mit einem Klick zur Verfügung steht und damit auch die Gefahr, sich selbst in

[42] Rudolf Dreikurs, Vicki Soltz: Kinder fordern uns heraus. Wie erziehen wir sie zeitgemäß? Klett-Cotta. Stuttgart 2010, S. 55

[43] Barack Obama: Ein amerikanischer Traum. Die Geschichte meiner Familie. dtv. München 2004, S. 46

diesen bunten Welten zu verlieren. Eine eigene innere Welt aufzubauen setzt dagegen eine eigene Anstrengung voraus, ist schon eine Willensübung.

Kein Kind wird sich freiwillig den Ablenkungen und Zerstreuungen entziehen, die von außen kommen. Aber sobald diese fehlen, wird es – manchmal auch ganz ohne Anstrengung – eigene Ideen entwickeln. Demnach ist es eine Aufgabe der Eltern, dafür zu sorgen, dass die äußeren Ablenkungsreize zumindest hin und wieder ausgeschaltet bleiben.

Der polnische Kinderarzt und Autor Janusz Korczak versteht unter „Achtung vor dem Kind haben" insbesondere, den Kindern Freiraum und Freiheit zu lassen für vielfältige – auch unangenehme – eigene Erfahrungen. Dazu gehören für ihn auch solche, von denen wir denken, dass wir sie unseren Kindern gerne ersparen möchten. Denn wie können wir wissen, welche Erfahrungen ihnen und uns noch bevorstehen. Jedes kleine Scheitern, das sie erleben, ohne daran zu zerbrechen, wird sie stärken, wenn wir ihnen das Gefühl geben, dass sie weiterhin für uns wichtig und liebenswert sind, dass unsere Wertschätzung und Liebe nicht von ihrem Erfolg abhängt.[44]

Oftmals fällt es Eltern schwer, ihre Kinder in die Eigenständigkeit zu entlassen. Was kann nicht alles passieren, wenn wir nicht auf sie aufpassen! (siehe auch Seite 102)

Janusz Korczak
Der polnische Kinderarzt Janusz Korczak hat auch die wohl schrecklichsten Erfahrungen mit den ihm anvertrauten Waisenkindern geteilt. Er hat sie aus dem Warschauer Ghetto bis in die Gaskammern von Auschwitz begleitet, obwohl ihm die SS freigestellt hatte, sich selbst in Sicherheit zu bringen.

Kleine Misserfolgs-Erlebnisse sind auch deshalb für Kinder wichtig, so dass sie frühzeitig lernen, damit umzugehen. In jedem Leben wird es Schwierigkeiten geben, die zu bewältigen sind. Situationen, die nicht so laufen, wie geplant, Beziehungen, die schwieriger sind,

[44] Friedhelm Beiner (Hrsg), Janusz Korczak: Das Recht des Kindes auf Achtung. Fröhliche Pädagogik. Gütersloher Verlagshaus, Gütersloh 2002

als erhofft. Wo und wann sollen Kinder sonst lernen, dass es darauf ankommt, einmal mehr aufzustehen als hinzufallen?

Unbezahlbar sind Freiräume, in denen ein Kind sich eigenen Interessen hingeben kann, ohne Planung, Kurse, Programme oder sonstige Vorgaben von anderen. Kinder tragen einen entscheidenden Entwicklungsmotor in sich, sie wollen ihr Leben buchstäblich selbst in die Hand nehmen, es selber leben. Jedes Kind hat einen starken inneren Drang, zu lernen und selbstständig zu werden. Kinder brauchen vielleicht etwas mehr Zeit, die Dinge selbst zu tun, die sie schon alleine tun können, sei es das Zerschneiden ihres Butterbrotes, das Anziehen der Schuhe oder später für den allein zurückgelegten Schulweg oder die selbstständig gemachten Hausaufgaben. Diese Zeit ist gut investiert!

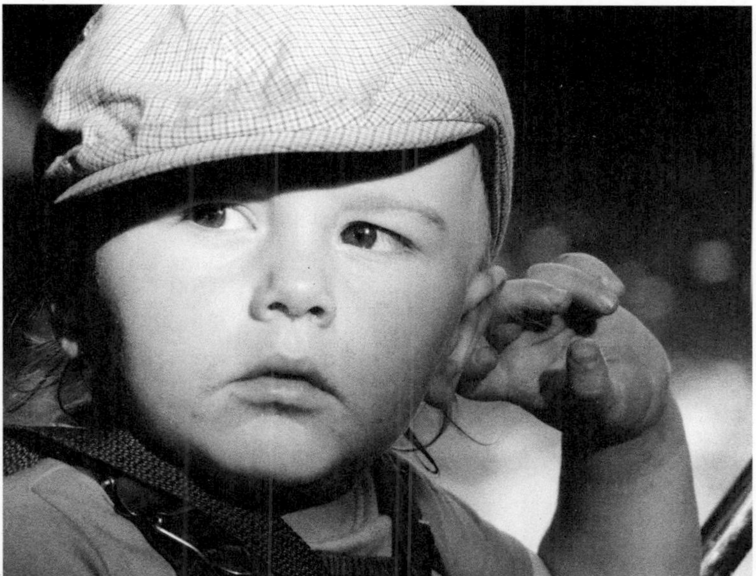

Besonders zufrieden macht es Kinder, wenn sie spüren, dass das, was sie tun, nicht nur für sie selbst, sondern auch für andere bedeutsam ist. Wenn sie zum Beispiel kleine praktische Aufgaben für die Familie übernehmen dürfen. Selbst wenn es für die Erwachsenen einfacher wäre, diese Dinge selbst zu erledigen. Das kann in jedem

Haushalt etwas anderes sein, Tisch decken, Brötchen holen oder jüngeren Geschwistern vorlesen.

Kinder können besser aus der Lange-Weile als aus der Überversorgung heraus eigene Ideen entwickeln. „Langeweile, so haben wir es als Kinder selbst erlebt, ist einerseits schwer zu ertragen. Andererseits bringt sie die Gedanken derart in Bewegung, dass manchmal lustige Unternehmungen folgten. Weil Langeweile dazu herausfordert, etwas zu tun, kreativ zu werden, sich selbst etwas einfallen zu lassen."[45]

Wenn Bernds Kinder jammern: „Papa, mir ist so langweilig", entgegnet er gerne: „Das ist gut so!"

Das „gelangweilt Sein" hält bei Kindern in der Regel nicht lange vor. Langeweile setzt Kreativität frei. Sehr schnell haben sie wieder Ideen, was sie machen können. Dabei brauchen sie oft nicht viel.

Die Fähigkeit, sich auf die Welt einlassen zu können, setzt die Fähigkeit voraus, sich selbst und die eigenen Bedürfnisse zu kennen. Die Welt hält auch ohne Fernsehen und Internet so vielfältige Angebote bereit.

Wie wichtig ist es da, die eigenen Bedürfnisse, Wünsche, Impulse als solche wahrzunehmen – also sich zunächst selbst wahrzunehmen. Wie schnell verlieren wir uns in Zerstreuungen und Verlockungen, die oft eine eigenartige Leere hinterlassen, vielleicht weil wir noch gar nicht wussten, wohin wir eigentlich wollten und schon woanders angekommen sind (siehe Seite 115 „Natur stärkt die Seele").

Die Versuchung für Eltern ist immer wieder groß, Angebote und Vorschläge zu machen, verhindert aber, dass die Kinder selbst ins Nachdenken und zur Wahrnehmung ihrer eigenen inneren Impulse kommen. „Wollen wir Plätzchen backen? – Willst du mir beim Fahrradflicken helfen? – Hast du schon den Brief an Onkel Hans geschrieben? – Du wolltest doch noch ..." Manchmal sind solche Angebote hilfreich – in der Regel jedoch können wir Kinder getrost ihren eigenen Ideen überlassen, selbst wenn sie eine Weile dazu brauchen, um herauszufinden, was sie jetzt wollen.

---

[45] Gerald Hüther, Uli Hauser: Jedes Kind ist hoch begabt. Die angeborenen Talente unserer Kinder und was wir aus ihnen machen. Knaus-Verlag. München 2012, S. 136

- Wie wichtig war es Ihnen, als Kind unverplante Zeit zur Verfügung zu haben?
- Was haben Sie in dieser freien Zeit gerne getan?
- Wie viel unverplante Freizeit hat Ihr Kind?
- Was tut es dann gerne?
- Welche Aufgaben mussten Sie als Kind übernehmen?
- Welche Aufgaben übernimmt Ihr Kind?

Ich habe mich oft gefragt,
ob nicht gerade die Tage,
die wir gezwungen sind,
müßig zu sein,
diejenigen sind,
die wir in tiefster Tätigkeit verbringen?

Ob nicht unser Handeln selbst,
wenn es später kommt,
nur der letzte Nachklang
einer großen Bewegung ist,
die in untätigen Tagen in uns geschieht?
Jedenfalls ist es sehr wichtig,
mit Vertrauen müßig zu sein,
mit Hingabe,
womöglich mit Freude.

Rainer Maria Rilke [46]

---

[46] Rainer Maria Rilke: Lektüre für Minuten. Gedanken aus seinen Büchern und Briefen. Ausgewählt von Ursula und Volker Michels. Insel Taschenbuch 1879. Insel Verlag Frankfurt a. M. und Leipzig 1996, S. 44

Frei sein und sich selbst wahrnehmen

Jan und Jonas, die zweijährigen Zwillinge, sind zu Besuch bei den Großeltern. Jan liebt die Kindertrecker, die auf dem Hof stehen. Zielstrebig eilt er auf den kleinen Trecker zu, setzt sich drauf und betrachtet von dort die Welt. Sein Bruder möchte zunächst noch den größeren, geschützten Überblick von den Knien des Großvaters aus genießen. Er kommentiert das Treiben der anderen Kinder auf dem Hof lediglich ab und zu mit einem deutlichen, zum Opa gewandten „Daa!" – und zieht nach einigen Minuten konzentrierter Beobachtung den Sandkasten vor, wo er mit großem Vergnügen tiefe Löcher buddelt.

Freiheit gehört zu den höchsten Gütern, die wir haben. Und Freiheit braucht Freiraum, um sich zu entwickeln. Jeder Mensch hat eine tiefe Sehnsucht nach Freiheit und Selbstbestimmung – auch schon im Kindesalter.

Kinder kommen mit unterschiedlichen Fähigkeiten und Interessen auf die Welt. Ihre Individualität zu respektieren, ihre besonderen Vorlieben zu erkennen und sie in ihrer Entwicklung so zu begleiten, dass sie in die Lage versetzt werden, ihr eigenes Profil, ihre eigenen Besonderheiten zu entdecken – darin liegt die Kunst der Erziehung und der Begleitung durch Erwachsene. Denn es geht von Anfang an darum, Kindern von Kindheit an zu helfen, *niemanden zu imitieren, sondern immer ganz sie selbst zu sein* – wie der indische Philosoph Krishnamurti betonte.

Jiddu Krishnamurti (1895–1986) war ein indischer Philosoph, Autor, Theosoph und spiritueller Lehrer. Er hielt weltweit vielbesuchte Vorträge und gründete Schulen in den USA, Indien und Großbritannien, die teilweise heute noch existieren.

Für uns heißt das auch zu lernen, auf eigenen Füßen zu stehen und sich weder von den Vorstellungen unserer Mitmenschen noch von wichtigen Vorbildern abhängig zu machen und selbst zu entdecken, was für uns gut und richtig ist. Viele Eltern und Erziehende haben sehr klare Vorstellungen davon, wie sich ihre Kinder zu entwickeln haben. In der pädagogischen Ausbildung geht es häufig darum, was Kinder zu welchem Zeitpunkt können sollen und was sie wann lernen müssen. Solche Vorgaben sind manchmal eine sinnvolle Orientierung, können aber auch einschränkend wirken, wenn sie externe Vorgaben so sehr betonen, dass für die eigenen Fragen und Entwicklungsprozesse, für die *inneren Bilder* des Kindes nicht mehr genug Raum ist. Und diesen gilt es ja zur Entfaltung zu verhelfen, wenn wir Kinder begleiten.

Vielleicht ist das sogar die wichtigste Erziehungs-Aufgabe, Kinder dabei zu unterstützen, dass es ihnen gelingt herausfinden, was ihre Stärken sind, ja, wer sie eigentlich sind. Auch der Schweizer Kinderarzt und Buchautor Remo Largo hält die Frage für besonders wichtig, wie Eltern das Kind so begleiten und unterstützen können, *dass es das wird, was es werden will.* Er erzählt in einem Spiegel-Interview: „Meine älteste Tochter hat mit zwölf Jahren erklärt, dass sie Gärtnerin werden will. Mit 16 hat sie dann die Schule geschmissen und ist Gärtnerin geworden. Und das passt haargenau zu ihr. Jetzt ist sie 36 Jahre alt, hat ihre eigene Gärtnerei und eine Familie mit zwei Kindern. Sie aufs Gymnasium und zu einem Studium zu zwingen, hätte keinen Sinn gemacht, sie wäre unglücklich geworden." [47]

Zum Ziele einer gerechten Auslese lautet die Prüfungsaufgabe für Sie alle gleich: Klettern Sie auf den Baum! © Hans Traxler

Ist es Ziel und Sinn unseres Lebens, dass wir möglichst alle das Gleiche machen? Wohl eher nicht: Wenn wir unsere sehr differenzierte Gesellschaft mit so gänzlich verschiedenen Tätigkeitsfeldern weiterhin gestalten wollen, ist es notwendig, dass wir viele ganz unterschiedliche Aufgaben lernen und – wenn möglich auch gerne – tun. Wie können Eltern und Lehrer diese Vielfalt fördern?

Fange als Schöpfung an, werde dann Schöpfer.
Warte nie an einem Hindernis.
In dieser Küche voller frischer Kost
soll eine Tasse lauwarmes Wasser dir genügen?

Rumi

Dschalal ad-Din Muhammad Rumi war einer der bedeutendsten persischen Dichter des 13. Jahrhunderts. Er ist im heutigen Afghanistan geboren und starb in Konya, Türkei.

---

47 Spiegel-Gespräch „Wie bei Kalb und Kuh" in: Spiegel – Wissen 3/2011, S. 69

Selbstvertrauen, sich etwas zuzutrauen, keine oder wenig Angst vor Herausforderungen zu haben – wächst in dem Maße wie die Erfahrung von Kindern, etwas geschafft zu haben. Das lernen die Kinder mehr im Alltag und an alltäglichen Dingen als in der Schule: Wenn Ihr Kind zum ersten Mal einen längeren Weg alleine gegangen ist, wenn es den ersten selbst geschriebenen Brief verschickt hat, wenn es sein Brot alleine geschmiert hat, vom 1-Meter-Brett und dann vom 3-Meter-Brett gesprungen ist, ein Musikstück spielen kann, ein Essen alleine zubereitet und bei all dem entdeckt, worin seine eigenen Stärken und Vorlieben liegen, was ihm Spaß macht, was es gut kann und wodurch es Energie und Freude bekommt.

Vielleicht träfen wir weniger Mitläufer und Jasager an, wenn einer Erziehung zur Selbst-Wahrnehmung und zu Bewusstheit mehr Aufmerksamkeit geschenkt würde. Auch unter schwierigen Bedingungen gibt es ja immer wieder die Möglichkeit, sich zu entscheiden, ob wir uns anpassen oder resignieren wollen oder für uns selbst einstehen und bewusst das Beste aus einer Situation machen. In allen noch so widrigen Umständen haben wir Handlungsspielräume, die es zu erkennen und nutzen gilt. Immer wieder können wir uns entscheiden, wie wir eine Situation bewerten und wie wir uns verhalten wollen.

„Selbst entdecken, was wahr ist" – das ist eine Einladung zum Fehlermachen, zum Ausprobieren und Selbst-tätig werden. Ein solches Entwicklungsverständnis versteht sich weniger als „Er"-ziehung durch die Eltern, sondern vielmehr als „Be"-ziehungs-Verhältnis zwischen Kindern und Eltern. Es setzt ein anderes Selbst-Verständnis des Erwachsenen voraus, der sich nicht als jemand versteht, der über dem Kind steht, Wissen abfüllt (siehe Seite 87) oder es maßregelt und kontrolliert. Beziehung basiert auf Entwicklung. Beziehung benötigt Gleichwürdigkeit. – Von Anfang an.

Viktor E. Frankl: Die innere Freiheit

„Wer von denen, die das Konzentrationslager erlebt haben, wüsste nicht von jenen Menschengestalten zu erzählen, die da über die Appellplätze oder durch die Baracken des Lagers gewandelt sind, hier ein gutes Wort, dort den letzten Bissen Brot spendend? Und mögen es

auch nur wenige gewesen sein – sie haben die Beweiskraft dafür, dass man den Menschen im Konzentrationslager alles nehmen kann, nur nicht die letzte Freiheit, sich zu den gegebenen Verhältnissen so oder so zu stellen. Und es gab ein so oder so! Und jeder Tag und jede Stunde im Lager gab tausendfältige Gelegenheit, diese innere Entscheidung zu vollziehen, die eine Entscheidung des Menschen für oder gegen den Verfall an jene Mächte der Unterwelt darstellt, die dem Menschen sein Eigentliches zu rauben drohen – seine innere Freiheit – und ihn dazu verführen, unter Verzicht auf Freiheit und Würde zum Spielball und Objekt der äußeren Bedingungen zu werden."[48]

Viktor E. Frankl hat in Theresienstadt, Auschwitz und einem Nebenlager von Dachau als Häftling Nr. 119104 das Konzentrationslager überlebt.

Nicht-tun – Entwicklung begleiten

Wir leben in einer leistungsbezogenen Kultur. Damit begrenzen wir die Lernmöglichkeiten der Kinder mit „bester" Absicht. In dem Forschungsprojekt „Touch the Future"[49] des Filmemachers Michael Mendizza wurde untersucht, wie sich diese Sichtweise bezogen auf „Kindheit" vor allem seit dem Zweiten Weltkrieg herausgebildet hat. Sie wird bestimmt von „Vergleich", „Differenzierung", „Unterschied", „Test", „Prüfung", „Zertifikat" und „Zugangsberechtigung". Dies wird verstärkt durch andere Formen der subtilen Vergleiche, die unsere Kultur bereits untergründig vermittelt: Wer ist der/die Beste in der Klasse? Wer ist der/die Größte, Attraktivste, Schnellste? Alles wird ständig bemessen, und das Problem dabei ist: Dadurch entwickelt sich stetig ein Gefühl von Angst, Unsicherheit, Bewertung, Fehlerhaftigkeit, vor dem man sich schützen muss.

Und je größer das Risiko ist, etwas falsch zu machen oder lächerlich gemacht zu werden, desto größer ist die Energie, die wir in unsere Selbstschutzmechanismen stecken müssen, um unser „Ego" zu

[48] Viktor E. Frankl: ... trotzdem Ja zum Leben sagen. Ein Psychologe erlebt das Konzentrationslager. Kösel-Verlag. München 2011, S. 102

[49] Johannes und Martina Hartkemeyer: Die Kunst des Dialogs. 2005, S. 93

stärken. Genau diese Mechanismen halten aber vom offenen Lernen ab, können zu Gewalt führen, aber sicher nicht zu einer demokratisch lernenden Gesellschaft.

© Jules Stauber

Der *Flow-Zustand*[50], in dem Lernen optimal möglich ist, gleicht einer Art Tanz. Im Flow-Zustand tritt das Ego zurück, weil Körper und Geist eins sind mit der Aufgabe. Unser „Ego" kommt jedoch immer dann zum Vorschein, wenn wir in eine Verteidigungshaltung rutschen oder bewertet werden. Je lauter geschrien wird und umso deutlicher Egos und Dominanzstrukturen aufeinander prallen, desto unsicherer ist ein Argument. Die interessante Frage ist: Welche Rolle können wir als Eltern und Erziehende einnehmen, wie können wir Beziehungsprozesse so gestalten, dass „die Intelligenz des Spiels" erhalten bleibt? Im spielerischen Wettbewerb kann ein Mitspieler ein Freund sein, der den notwendigen Widerstand bietet, um sich weiterzuentwickeln. Denn allein ist man selten in der Lage, alle seine

[50] Mihaly Csikszentmihalyi: Flow. Das Geheimnis des Glücks. Klett-Cotta. Stuttgart 1995

Möglichkeiten zu entwickeln. Das in unserer Gesellschaft des „Scheinen-Wollens“ gewachsene Ego verhindert nicht nur echte Spitzenleistungen, sondern kann auch Ursache für Gewaltausbrüche sein, wie wir sie leider immer wieder erleben – und die nur schwer verständlich scheinen. Die Frage, wie wir uns stattdessen mit innerer Leichtigkeit der Entfaltung unserer Potentiale nähern können, ist nicht leicht zu beantworten. Die Frage nach Ziel, Methode, Zweck ist unserem leistungsorientierten Bewusstsein sehr viel näher als spielerische Leichtigkeit im Tun. Dies zu erkunden, darin liegt eines der Erfolgsgeheimnisse der Beziehung zu Kindern und Jugendlichen.

Im Chinesischen gibt es den Begriff des wu-wei, des „Nicht-tuns“. Gemeint ist „im Fluss – mit der Energie bleiben“ und nicht krampfhaft etwas erreichen wollen. In der Beziehung zu Kindern heißt das, nicht immer wissen zu wollen, was gut für sie ist, sondern eher dafür zu sorgen, dass sie ihre Möglichkeiten entfalten können.

Nach Erich Fromm, dem deutsch-amerikanischen Psychoanalytiker, Philosophen und Sozialpsychologen, orientiert sich diese Haltung in Gespräch und Beziehung am „Sein“. Die dem „Seins-Menschen“ innewohnende „Absichtslosigkeit“ hat im Gespräch die größte Chance, wirklich Neues in die Welt zu bringen, so dass ein

Flow-Gefühl, ein Tanz, entstehen kann, der Kreativität ermöglicht. „Freiheit bedeutet, dass man nicht unbedingt alles so machen muss wie andere", meinte auch Astrid Lindgren [51], deren Kinderfiguren oftmals eigene Wege abseits der ausgetretenen Pfade gehen.

Verwöhnen oder Respektieren?

Johanna isst sehr gerne Möhren. Wenn sie roh sind. Am liebsten abgeschrubbt und längs geviertelt, so dass ihre kleinen Hände sie gut fassen können und ihr kleiner Mund es mit dem Abbeißen nicht zu schwer hat. Dann kaut sie ausdauernd und genüsslich daran herum. Aber wehe, wenn die Möhren mittags – in gekochter Form – auf ihrem Teller auftauchen. Dann verzieht sich ihr Gesicht.

„Die Möhren mag ich nicht. Die will ich nicht essen!"

„Also, Johanna, du isst die Möhren doch sonst auch so gerne. Probier doch mal, die sind ganz süß!"

„Nein, die sind nicht hart genug! Die mag ich nicht!"

„Johanna, so ein Quatsch. Du kannst doch ein paar probieren."

„N-hm!" Verdrossen schaut die Dreijährige zu Boden. Die Mundwinkel senken sich bedrohlich, die Stirn zeigt tiefe Falten.

„Okay, dann iss bitte die Nudeln und die Soße und leg die Möhren an die Seite. Ich esse die gerne. Du kannst die für mich zur Seite legen, ich nehme mir die gleich."

Fragend schaut Johanna aus ihrer Verdrossenheit wieder auf. Soll sie sich darauf einlassen?

Die Stirn glättet sich. Sie nimmt einen Löffel voll Nudeln und schiebt mit der nächsten Bewegung zwei Möhrenstückchen an den Rand ihres Tellers. Als sie dort ein halbes Dutzend Möhren gesammelt hat, meldet sie es ihrem Vater: „Du kannst dir jetzt die Möhren holen! Die warten hier."

Noch heute gehören „dicke Bohnen" zu den wenigen Dingen, die Renate kaum essen kann, weil sie den Geschmack nicht wirklich mag. Und noch heute ist sie ihrer Mutter dankbar, die ihr erlaubte,

---

51 www.astridlindgren.se, 28.7.2013

die Bohnen wegzulassen. Wenn sie „dicke Bohnen" gekocht hatte, durfte Renate die Kartoffeln nur mit Butter und Salz essen.

Welchen Gast würden wir zwingen, etwas zu essen, was er definitiv nicht möchte? Aus welchen Gründen behandeln wir unsere eigenen Kinder weniger respektvoll? Auch wenn klar ist, dass es dann eben nur Butter und Salz zu den Kartoffeln gibt – es wird nicht für jeden extra gekocht, sondern wer etwas nicht mag, muss mit den Konsequenzen leben. (Was wir allerdings auch nicht jedem Gast zumuten würden, oder?)

Verwöhnen hat nicht viel mit Liebe zu tun, Respekt dagegen ist eine Ausdrucksform liebevoller Akzeptanz. Die Gefahr, Kinder zu verwöhnen, wächst mit der Ein-Kind-Familie und den älter und besorgter werdenden Eltern. Die „verwöhnten Kleinen" bekommen zu häufig und zu schnell die gesamte Aufmerksamkeit ihrer Eltern. Das macht es ihnen schwer, sich in eine (Klassen-) Gemeinschaft einzuordnen, in der auch andere ihre Rechte einfordern und wo jeder einmal warten und zurückstecken muss. Auch das Eintreten für ihre eigenen Interessen und Rechte lernen Kinder eher, wenn sie das in der Familie üben können.

Jede Generation macht ihre eigenen, für die Zeit typischen Erziehungsfehler. Unserer Beobachtung nach gehört zu den wesentlichen Erziehungsfehlern der heutigen Elterngeneration, dass viele Eltern ihre Kinder tendenziell überbehüten und überversorgen. Für die kleinen (Lillifee-) Prinzessinnen, die in die Schule kommen, ist es eine echte Herausforderung, sich in eine Klassengemeinschaft mit 20 bis 30 Kindern einzufügen, ihren Platz zu behaupten, sich mit Freundinnen zu streiten und wieder zu vertragen und für ihre Rechte einzutreten. Alles mit der besten Freundin zu machen, ist zum Beispiel etwas Nettes, aber wachsen können Kinder eher, wenn sie lernen, mit vielen, ganz unterschiedlichen Partnern zusammenzuarbeiten.

Demgegenüber steht zugleich eine immer größer werdende Zahl von Eltern, die mit der Erziehung ihrer Kinder völlig überfordert sind und sie in hohem Maße vernachlässigen.

Aufmerksamkeit der Eltern und Ehrlichkeit sind gefragt. Kinder dürfen auch einmal auf eine Mahlzeit warten, selbst wenn sie hungrig sind. Sie können lernen, den Freiraum der Eltern zu respektieren, wenn diese mal alleine sein wollen. Solche einfachen Erfahrungen und Rücksichtnahmen helfen ihnen, zu sozialen Wesen heranzuwachsen, die auch am Umgang mit anderen Spaß haben, die eine Balance zwischen Geben und Nehmen aushalten und aushandeln können.

Keno, 2 Jahre, stochert in seinem Grünkohlgemüse herum und angelt geschickt das dicke Stück Wurst heraus, das auf seinem Teller liegt. Er führt es zum Mund und fühlt vorsichtig: zu heiß. „Mamma, zu heisch!" Mama ist gerade damit beschäftigt, den jüngeren Bruder zu füttern, und langt kurz zu Kenos Teller hinüber, schneidet das Wurststück mitten durch: „Nun wird es schneller kalt, puste mal." – „Nein! Große Wurst haben!" Keno ist empört über diesen ungebetenen Eingriff und untröstlich, er jammert und heult laut. Die Mutter schiebt die beiden Wurststückchen zusammen: „Ist doch alles noch da – das sind jetzt nur zwei Stückchen." „Nein, große Wurst!", empört er sich weiter. Die Erwachsenen schauen sich etwas ratlos – und auch ein wenig genervt – an, da mischt sich Sophie, die vierjährige Schwester, ein: „Keno kann meine Wurst haben, die ist noch groß!" Ein Strahlen geht über Kenos Gesicht. Sichtlich stolz und sich ihrer Wichtigkeit durchaus bewusst, schiebt Sophie ihren Teller zu ihrem Bruder. Der schluchzt noch ein letztes Mal auf und schiebt ihr seinen Teller entgegen, um die willkommene und unerwartete Gabe in Empfang zu nehmen.

Die soziale Kompetenz von Kindern ist manchmal größer, als wir vermuten. Der Psychotherapeut Arno Gruen beschreibt eine Situation zwischen einer Eingeborenen-Mutter in West-Neuguinea und ihren beiden Kindern, einem Jungen und einem Mädchen, folgendermaßen: „Der Junge isst ein Tarostück [essbare Wurzelknolle], das Mädchen greift danach, beide beginnen zu schreien. Die Mutter kommt herbei, und beide Kinder lächeln sie an. Der Junge reicht ihr von sich aus das Tarostück, sie bricht es in zwei Teile und gibt beide dem Jungen zurück. Er bemerkt erstaunt, dass er jetzt zwei Stücke hat, und nachdem er beide einen Moment lang betrachtet hat, gibt er eines seiner Schwester."[52]

Gruen stellt uns indirekt die Frage: Wie hätten wir in einer solchen Situation gehandelt? Hätten wir auch das Vertrauen in unser

---

[52] Arno Gruen: Der Verlust des Mitgefühls. Über die Politik der Gleichgültigkeit. dtv. München 1999, S. 91

Kind gehabt, dass es von sich aus die Möglichkeit des Teilens wählen und nicht alles für sich beanspruchen würde? Oder wären wir lieber ein „gutes Vorbild“ gewesen und hätten jedem Kind ein Stück gereicht, um ihnen auf diese Weise das Teilen beizubringen?

Die Familie sitzt beim Mittagessen. Mutter und Vater, Opa, Kinder, Lehrlinge und Praktikanten sind da, einige fehlen heute. Oma war zwei Tage unterwegs. „Heute Nachmittag kommt Oma wieder.“ Friedmut legt die Gabel zur Seite, überlegt einen Moment und schaut zu Opa rüber: „Dann musst du Oma noch etwas von dem Salat verwahren, Opa! Den isst Oma so gerne!“

Gerade in unserem westlichen Kulturkreis trauen wir den Kindern allzu oft nicht zu, dass sie selbst all die Eigenschaften bereits in sich tragen, die wir meinen, ihnen beibringen zu müssen etwa dadurch, dass wir ihnen Predigten halten, Belohnung in Aussicht stellen oder mit Bestrafung drohen. Wenn wir ständig Vorgaben machen, Befehle geben, unsere Autorität ausspielen, erreichen wir damit vielleicht, dass sich das Kind unterordnet, aber wahrscheinlich gleichzeitig eine latente, umso aggressivere Abwehr gegen die Bevormundung entwickelt, die sich vielleicht an anderer Stelle entlädt. Dem Kind die Freiheit der Entscheidung zu überlassen, setzt Vertrauen in seine Kompetenz voraus und ermöglicht zugleich, dass beim Kind selber Vertrauen wächst. Es macht so die Erfahrung, dass es selbst Einfluss hat und damit die Möglichkeit, seine Umwelt zu gestalten und zu verändern.

Und Kinder sind oftmals weitsichtiger und klüger als die vermeintlich so viel reiferen Erwachsenen:

So jung und schon so weise

Badezeit. Jan und Jonas wollen in der großen Wanne baden. „Hast du ein Schiff, Oma?“ Jan schaut im Badezimmerschrank nach. Neben den Waschlappen entdeckt er eine gelbe Plastikente und das Unterteil einer Seifendose. „Kann ich die haben, Oma?“ „Klar, die kannst du mit ins Wasser nehmen.“

Jonas öffnet die Badezimmertür. „Ich bin auch schon ausgezogen, Oma!“ Er sieht Jan mit der Ente spielen. „Oma, ich will auch ein Boot haben!“ „Okay, ich schau mal, ob wir noch ein anderes Boot haben.“

Oma geht ins Kinderzimmer. Sie sucht in der Autokiste und entdeckt zwischen den abgegriffenen Metall- und Plastikautos ein leuchtend oranges Playmobil-Schlauchboot. „Schau mal, Jonas, was ich gefunden habe!“ Jonas strahlt. Aber Jan schaut enttäuscht. „Hast du noch so ein Boot?“ „Nein. Da war nur noch dieses eine. Aber du hast doch für deine Ente schon eins.“ (Na ja, Oma, so eine halbe Seifenschale ist eben kein knallig oranges Playmo-Schlauchboot ..., sagt sein genervter Blick.)

Oma öffnet nochmals den Badezimmerschrank, in dem Jan seine gelbe Ente gefunden hatte. „Oh, schau mal, Jonas, hier ist auch noch eine Ente für dich." Sie wirft eine zweite Plastikente, die ein knallrotes Herz in den Flügeln hält, in die Wanne. Jan schaut sie immer noch fragend an.

„Also, hier ist kein Boot mehr." Oma fühlt nochmal mit der Rechten in alle Winkel des Schränkchens. „Aber hier ist noch so ein Boot, wie du es hast, Jan." Sie hält die andere Hälfte der Seifendose hoch und wirft sie zu den Jungen in die Wanne.

Jonas schaut sich die Seifendosenhälfte genauer an. Sein Blick ruht zunächst auf dem Seifendosenboot des Bruders, dann betrachtet er das neu dazugekommene Boot – zuletzt das Playmobil-Schlauchboot, leuchtend orange.

„Hast du noch so ein buntes Boot, Oma?" „Nein, ich habe schon überall nachgeschaut. Andere Boote finde ich nicht." Jonas sieht sich die Boote nochmal genau an und schaut dann kurz zu seinem Bruder.

„Dann tun wir das Boot weg!" Er reicht der Oma das leuchtende Playmo-Boot. Sein Bruder hat seine Ente bereits in dem Seifendosenboot platziert und lässt den imaginären Motor anspringen. „Brummmmm, brrrrrumm", nähert sich sein Boot der gelben Herz-Ente. Die wird von seinem Bruder sogleich in ihre Seifenschale gesetzt und brummt ebenfalls durchs Wasser.

Vollendete Harmonie, keine weiteren Fragen oder Kommentare. Streitobjekt entfernt, Badegenuss gesichert.

Freunde selbst aussuchen

Kinder können am besten selbst entscheiden, mit wem sie spielen möchten oder nicht. Gerade dann, wenn jemand anders ist als man selbst, macht ihn das interessant. Aus der Schule wissen wir, dass sich Heterogenität, also Vielfalt, förderlich auswirkt. So lernen Kinder andere Lebensentwürfe und Lebensmuster kennen. Das weitet den Blick. Es hilft, unterscheiden zu lernen und differenziert zu denken. Erst dann, wenn ich die Unterschiede kenne, kann ich mich wirklich entscheiden für das, was ich selber will. Eltern dürfen denken: „Diese

Freundin passt nicht zu meiner Tochter“, aber sie müssen ihren Kindern die Chance geben, das selbst herauszufinden.

Auch Ronja Räubertochter sucht sich ihren Freund Birk selbst aus. Von der Freundschaft profitieren beide, sie zanken sich, vertragen sich, reiben sich und haben aneinander ein Gegenüber, einen Dialogpartner, der ihre eigene Welt erweitert. Zugleich rebelliert Ronja damit gegen ihren Vater, der diese Freundschaft ablehnt. Wie schon bei Shakespeares „Romeo und Julia“ ist auch im Räuberwald die Feindschaft zwischen den Vätern – beide gewichtige Räuberhauptmänner – ein Hindernis für die Freundschaft der Kinder. Eltern tun gut dran, ihren Kindern zu vertrauen und ihnen die Wahl ihrer Freunde und Freundinnen zu überlassen. Manchmal ist es sicher nicht leicht mitanzugucken, wenn Kinder Freundschaften ganz anderer Art schließen, als Eltern das für gut halten. Vielleicht erfahren sie dabei gerade etwas von der Welt, was ihnen sonst verborgen geblieben wäre. In der Regel sind Kinder, die vergleichbar gestärkt wie Ronja aufgewachsen sind, in der Lage, sich zu entscheiden, welche Freundschaften ihnen guttun. Je gelassener Eltern damit umgehen, desto gelassener können die Kinder in Schwierigkeiten reagieren.

- Welche Entscheidungen durften/mussten Sie als Kind alleine treffen?
- Wann und was darf Ihr Kind alleine entscheiden?

Eigene Wege gehen

Ludwig hatte schon als kleines Kind seinen ganz eigenen Rhythmus. Er setzte auch mit zweieinhalb Jahren keine Puzzles zusammen, obwohl seine Mutter sich alle Mühe gab, ihm das beizubringen. Ludwig hörte zu, guckte konzentriert hin, machte aber über Stunden und Tage hinweg keine Anstalten, selber zu puzzeln. Als er sich Tage später unbeobachtet fühlte, legte er die Puzzleteile zusammen – ohne ausprobieren zu müssen: mit und ohne Schablone, von der Vorderseite oder von der Rückseite. Er hatte genau beobachtet und seinen Zeitpunkt selbst gewählt.

Nachdem er bis kurz vor seinem dritten Geburtstag keinen Schimmer davon hatte, was das mit der Toilette sollte, war er innerhalb von

14 Tagen sowohl tagsüber als auch nachts „trocken". Mit fünf Jahren konnte er nicht bis fünf zählen. Mit sechs Jahren rechnete er dann im Zahlenraum bis 20 vor- und rückwärts und hatte viel Freude an Zahlen. In der Schule wurde Mathematik sein Lieblingsfach. Heute ist er Diplommathematiker. Trotz der gelegentlichen Sorgen seiner Mutter entwickelte sich Ludwig Gott sei Dank nach seinem eigenen Plan.

Kinder müssen ihre eigenen Wege gehen dürfen. Eltern dürfen nicht alle Wege vorgeben, sondern sie lediglich aufmerksam eine Weile auf den von ihnen gewählten Wegen begleiten.

Wie sollen sie Wichtiges von Unwichtigem unterscheiden, wenn sie es nicht anhand eigener Fehler und eigener Erfahrungen lernen durften? Unterscheiden und entscheiden, das kann ich eher lernen, wenn mir eigene Entscheidungen auch als Kind zugemutet und erlaubt wurden und ich Konsequenzen meiner Entscheidungen gespürt habe. Lernen kann ich, wenn ich Zusammenhänge verstehen will und es da jemanden gibt, der sie mir erläutert. Wenn die Kinder den Tisch mitdecken helfen, wollen sie es richtig machen, so dass jeder eine Tasse und einen Teller, Messer und Löffel hat. Da macht es Spaß, zählen zu können. Sie wollen wissen, wie viele kommen, wenn wir mit der Familie essen wollen. Später macht es mehr Spaß, Rechnen zu lernen, wenn sie dann auch alleine Einkaufen gehen dürfen, oder Schreiben zu lernen, wenn sich jemand über einen Brief freut.

Freiheit bedeutet auch, dass Kinder ein Recht darauf haben, ihrem eigenen inneren Entwicklungsplan zu folgen. Kinder brauchen für die verschiedenen Entwicklungsstufen unterschiedlich viel Zeit. Das bedeutet aber nicht, dass Kinder, die bestimmte Phasen langsamer durchlaufen als andere, später ans Ziel kommen.

Ben besuchte nach der Grundschule und Orientierungsstufe die Realschule. Er wusste genau, er wollte Schornsteinfeger werden. Seine Eltern unterstützten ihn darin. Nach der Ausbildung machte er seine Meisterprüfung. Als er 25 Jahre alt war, dachte er: Das kann es nicht gewesen sein. Er machte eine Ausbildung als Elektroinstallateur. Nach der Ausbildung bekam er – ohne sich zu bewerben – gleich sechs Stellenangebote als Schornsteinfeger. Zurzeit arbeitet er wieder als Schornsteinfeger und besucht gleichzeitig die Meisterschule für Elektrotechnik.

Inzwischen ist Ben verheiratet und Vater einer Tochter. Er ist sehr zufrieden mit seinem Leben, hat beruflich schon viel kennen gelernt und die Erfahrung gemacht, dass er das, was ihm wichtig ist, auch erreichen kann, wenn er sich dafür engagiert.

Diese Beispiele könnten wir aus unserem persönlichen Erfahrungsumfeld noch um viele ergänzen. Ebenso viele Negativbeispiele gibt es dafür, dass Eltern nicht abwarten können und ihre Kinder überfordern.

Eltern gewähren ihren Kindern leichter Freiräume, wenn sie deren Lebenskonzept nicht zu früh festlegen. Kinder haben ein Recht darauf, ihren eigenen Lebensweg zu gehen, sowohl in Bezug auf ihre persönlichen Neigungen und Interessen als auch schulisch und später beruflich. Dabei müssen Umwege nicht als Irrwege gesehen werden, sondern als Bereicherung. Vielfach sind Erfahrungen, die man auf Umwegen macht, vielfältiger und interessanter, als wenn es immer nur zielgerichtet geradeaus geht.

- Haben Sie in Ihrem Leben Umwege gemacht?
- Konnten Sie dadurch zusätzliche Erfahrungen machen?
- Was hilft Ihnen, Ihrem Kind zu gestatten, eigene Wege zu gehen?
- Wer unterstützt Ihr Kind dabei, Vertrauen zu entwickeln, dass es den richtigen Weg findet?

?

Wie schnell geraten Eltern auch heute in die Rolle, die Entwicklung ihrer Kinder immer wieder mit anderen zu vergleichen. Wie gut wäre es, wenn Eltern mehr Gelassenheit mitbringen könnten und Vertrauen in die ganz eigenen Potentiale ihrer Kinder behalten. Nicht jedes Kind muss alles können.

Die Ente in der Schule

„Es gab einmal eine Zeit, da hatten die Tiere eine Schule. Das Curriculum bestand aus Rennen, Klettern, Fliegen und Schwimmen, und alle Tiere wurden in allen Fächern unterrichtet.

Die Ente war gut im Schwimmen; besser sogar als der Lehrer. Im Fliegen war sie durchschnittlich, aber im Rennen war sie ein besonders hoffnungsloser Fall. Da sie in diesem Fach so schlechte Noten hatte, musste sie nachsitzen und den Schwimmunterricht ausfallen lassen, um das Rennen zu üben. Das tat sie so lange, bis sie auch im Schwimmen nur noch durchschnittlich war. Durchschnittliche Noten waren aber akzeptabel, darum machte sich niemand Gedanken, außer der Ente.

Der Adler wurde als Problemschüler angesehen und streng gemaßregelt, da er, obwohl er in der Kletterklasse alle anderen darin schlug, darauf bestand, seine eigene Methode anzuwenden.

Das Kaninchen war anfänglich im Laufen an der Spitze, aber es bekam einen Nervenzusammenbruch und musste von der Schule abgehen wegen des vielen Nachhilfeunterrichts im Schwimmen.

Das Eichhörnchen war Klassenbester im Klettern, aber sein Fluglehrer ließ es seine Flugstunden am Boden beginnen anstatt vom Baumwipfel herunter. Es bekam Muskelkater durch Überanstrengung bei den Startübungen und immer mehr ‚Dreien' im Klettern und ‚Fünfen' im Rennen.

Die im Sinn fürs Praktische begabten Präriehunde gaben ihren Jungen zum Dachs in die Lehre, als die Schulbehörde es ablehnte, Buddeln in das Curriculum aufzunehmen.

Am Ende des Jahres hielt ein anormaler Aal, der gut schwimmen und etwas rennen, klettern und fliegen konnte, als Schulbester die Schlussansprache."[53]

„Lebe jeden Tag, als wenn es dein letzter wäre."
Angelus Silesius

„Ach, ... wenn man das könnte,
dann würde ich aber nicht mehr zur Schule gehen."
Lena, 16 Jahre

[53] Edith-Maria Soremba: Legasthenie muß kein Schicksal sein. Herder Verlag. Freiburg im Breisgau 1995 © Edith-Maria Soremba

4. Wachstum braucht Widerstand

„Fliegender Stern sagte zu seinem Vater: ‚Mein Vater Guter Jäger, bitte gib mir ein Pferd. Ich möchte jetzt zu den Großen gehören.'

‚Dann will ich dir ein gutes Pferd geben, Fliegender Stern', sagte der Vater. Und er hob ihn auf das braune Pferd, das er im vergangenen Herbst eingefangen und zugeritten hatte. [...]

‚Nun zeige, daß du reiten kannst!' sagte der Vater. Er gab dem Pferd einen Klaps. Es machte einen Sprung – und schon lag Fliegender Stern wieder im Gras! Er hatte nur an die Kinder [...] gedacht und nicht aufgepasst. [...]

Guter Jäger hielt sein Pferd an und sagte: ‚Du bist weit geritten, Fliegender Stern. Nun steige schnell wieder auf. Alle warten auf uns.'

Fliegender Stern ging zu dem Braunen und nahm den Zügel. ‚Du mußt in die Mähne fassen und dich hochziehen', sagte der Vater. Fliegender Stern griff in die Mähne. [...] Er zog sich hoch – aber seine Arme waren zu schwach, er kam nicht hoch genug, er konnte sein Bein nicht über den Pferderücken schwingen. Immer wieder glitt er ab. Er sah den Vater an.

‚Noch einmal', sagte der nur.

‚Ich kann nicht', flüsterte Fliegender Stern. ‚Bitte, hilf mir!'

‚Wer nicht allein aufsteigen kann, der soll auch nicht allein reiten', sagte der Vater.

Fliegender Stern ging zehn Schritte zurück, spuckte in die Hände, lief, sprang – und saß oben! Er sah zum Vater hinüber. Er lachte.

‚Nun kannst du allein aufsteigen und allein reiten', sagte der Vater. ‚Ich will dir das braune Pferd schenken. Du darfst ihm einen Namen geben.'"[54]

Eltern unterstützen ihre Kinder gerne und leisten ihnen Hilfestellung bei schwierigen Aufgaben. Vielen Eltern fällt es nicht leicht,

---

[54] Ursula Wölfel: „Fliegender Stern" © by Thienemann Verlag (Thienemann Verlag GmbH), Stuttgart/Wien. www.thienemann.de, S. 13–18 (gekürzt)

Kindern die Lösung einer neuen Aufgabe alleine zu überlassen. Doch die Hilfe der Eltern bewirkt in manchen Fällen das Gegenteil von dem, wofür sie gedacht war. Sie kann die Kinder schwächen, anstatt sie zu stärken, weil Stärke auch bedeutet, mit Niederlagen umgehen zu können, geduldig abzuwarten oder diszipliniert weiter zu üben, wenn der Erfolg noch auf sich warten lässt.

Wir können früh beginnen, die Kinder in den altersgemäßen Entwicklungsschritten zu stärken, ihnen all das auch zu überlassen, was sie alleine bewältigen können. Vom Anziehen der Schuhe, Hosen, Jacken, über das Tragen der Schultaschen und Aufhängen ihrer Jacken bis zur Entscheidung, wie groß die Portion auf ihrem Mittagsteller ist.

Wichtig ist, dass Kinder und Jugendliche Möglichkeiten haben, den Mut zu entwickeln, mit Energie und Entschlossenheit ihr Leben selbst in die Hand zu nehmen, sich in schwierigen Situationen nicht entmutigen zu lassen und kreativ nach Lösungen zu suchen. Hier liegen Quellen von Zufriedenheit. [55]

Schwierigkeiten machen stark

> Behinderungen und Nachteile können vorteilhaft werden,
> wenn sie als Herausforderungen wahrgenommen werden.
> Volksweisheit

Hannes' Mutter war ständig um ihn besorgt. Sie lief stets hinter ihm her oder ließ ihn gar nicht erst alleine losgehen. Als er sich mit seinem nagelneuen Fahrrad dann doch einmal alleine ein paar Meter von der Haustür entfernte, stürzte er prompt die Bordsteinkante hinab.

Es ist nicht nur ein großer Irrtum, sondern auch eine enorme Selbstüberschätzung, wenn Eltern denken, dass sie auf alles aufpassen können. Noch größer ist der Irrtum zu denken, man täte den Kindern damit etwas Gutes. Kinder, die vor allem beschützt werden, sind verunsichert, und ihnen passiert leichter etwas. Wie sollen sie ein gesun-

[55] Michaela Glöckler: Macht in der zwischenmenschlichen Beziehung. 1997, S. 90 ff

des Selbstvertrauen entwickeln? Es fällt ihnen sehr viel schwerer, ein Gespür dafür zu entwickeln, was für sie selbst gut und richtig ist. Wer gewohnt ist, auf Anweisung zu handeln, hört auf – oder fängt gar nicht erst an –, selbst nachzudenken. Und wer nicht nachdenkt – ja, wie kann der klug werden?

Wenn Kinder die übergroße Fürsorge ihrer Eltern spüren, trägt das schnell zu ihrer Verunsicherung bei. Wenn Eltern ihnen etwas zutrauen, trauen sie sich auch selbst etwas zu. Jede neue Herausforderung braucht ein bisschen Übung. Andererseits gibt es auch wirklich gefährliche Situationen, in denen Eltern die Verantwortung übernehmen und ihre Kinder schützen müssen – besonders im Umgang mit Maschinen, Autos, etc. Und auch wichtige Situationen, an denen Kinder ihre Grenzen erleben.

Sophie wollte einen Stapel Kisten hinaufklettern, die übereinandergestapelt auf dem Hof standen. Sie reichte kaum an die oberste heran, suchte mit ihren Füßen Halt und – wäre beinahe mit dem gesamten Stapel umgestürzt, wenn der Vater nicht gerade noch hinzugeeilt wäre.

Aber den heilsamen Schrecken nahm sie mit, als Erinnerung, ihre Kletterziele etwas sorgsamer zu wählen.

„Da saß er nun, den herrlichen Angelstock mit den bunten Sternen in der Hand und wartete auf die vielen Fische, die er fangen wollte. Aber es kam keiner, kein einziger. Denn Fliegender Stern rutschte vor Aufregung hin und her, und immer wieder mußte er sich schütteln und mit den Schultern rucken, weil sich Fliegen auf seinen Rücken setzten. Er konnte einfach nicht so still dasitzen wie Grau-Hengst und Großer Felsen. Die fingen nun auch nichts mehr, weil Fliegender Stern ihnen mit seiner Unruhe die Fische vertrieb.

Schließlich sagte Grau-Hengst: ‚Es wird schon dämmerig, wir wollen gehen.' […] ‚Ich glaube, ich bin doch noch ein bißchen klein', sagte Fliegender Stern.“[56]

[56] Ursula Wölfel: „Fliegender Stern“ © by Thienemann Verlag (Thienemann Verlag GmbH), Stuttgart/Wien. www.thienemann.de, S. 33–34 (gekürzt)

Fliegender Stern möchte gerne groß sein und zu den großen Jungen gehören. Er gibt sich alle Mühe mitzuhalten und muss doch manchmal feststellen, dass seine Kräfte noch nicht ausreichen. Die Fische beißen nicht an, wenn er nicht still sitzen kann.

Kinder, die viel draußen sind, lernen eher, ihre eigenen Fähigkeiten und Gefahren einzuschätzen. Weil die Natur eine direkte Rückmeldung gibt – die Fische beißen nicht an – braucht es keinen ungeliebten Kommentar von Erwachsenen, gegen den man rebellieren könnte. Und im Umgang mit realen Gefahren lernen sie, auch ungeliebte Anweisungen von Erwachsenen ernst zu nehmen, weil sie erleben, dass diese einen nachvollziehbaren Hintergrund haben.

Friedmut, drei Jahre, wollte im Herbst nicht mehr in den Kindergarten. Er wollte „ein richtiger Mann werden". Auf dem Hof gab es so viele echte Aufgaben, die spannend waren und bei denen er dabei sein wollte. Mit dem Traktor den großen Hühnerstall an einen anderen Platz stellen oder die kleineren Schweinehütten umstellen, Strohballen holen oder die gefüllten Gemüsekisten. „Es tut mir gut, wenn ich auf dem Trecker mitfahre!"

Das Spannendste war die Ankunft des großen Holzhackschnitzlers. Eine riesige Maschine hinter dem Traktor, die dicke Äste verschlang und wenig später kleine Holzschnitzel auf den Anhänger spuckte. Heizmaterial für den Winter. Dabei zuzusehen war das Größte. Und die Arbeit war – in seinen Augen – echte Männerarbeit. „Ich will mit in den Wald fahren, Opa!" „Aber nur, wenn du genau hörst, was ich dir sage. Sonst bringe ich dich wieder nach Hause, weil das eine sehr gefährliche Arbeit ist." – Kein Problem. Friedmut blieb hinter dem großen Baum stehen, von wo er die Häckselarbeiten verfolgen konnte, und rührte sich nicht vom Fleck. Die Maschine machte gewaltigen Lärm, die Konsequenzen mangelnder Disziplin schienen ihm nachvollziehbar.

Natürlich kommt es gerade bei Kindern auf das richtige Maß der Aufgaben an, die ihnen begegnen. Kinder sollten genauso wenig unter-fordert wie über-fordert werden. Wenn sie etwas schaffen, was für sie nicht ganz einfach ist, dann sind sie zufrieden und ihr Selbstvertrauen wächst. Lernen können sie das am einfachsten an alltäglichen Dingen: alleine zu den Großeltern oder alleine zu einem

Freund gehen, irgendwann alleine zur Schule gehen, die Schultasche selber packen, der Lehrerin selber sagen, wenn ihnen etwas nicht gefällt, sich mit Freunden, mit denen man sich gestritten hat, auseinandersetzen, mal eine Stunde alleine sein. (Was keine Aufforderung ist, Kinder regelmäßig und für längere Zeit sich selbst zu überlassen!) Das genaue Maß dafür muss jeder selbst herausfinden, dafür gibt es kein Rezept.

Sie selber kennen Ihr Kind am besten und können das herausfinden. Sie sind diejenigen, die ihm dabei Mut zusprechen oder auch gemeinsam mit ihm überlegen, wie viel es jeweils alleine schaffen kann. *Viele Eltern nehmen ihren Kindern zu viel ab von dem, was sie eigentlich selber können. Daran können Kinder regelrecht verdummen.* Sie dürfen Ihren Kindern nicht nur etwas zutrauen, Sie dürfen ihnen sogar etwas zumuten, z.B., dass es mit Enttäuschungen fertig wird.

Es ist Kindern durchaus zuzumuten, Enttäuschungen, Langeweile, Frustration und Missmut zu erleben und einen eigenen Umgang damit zu erlernen. Keinem Menschen geht es immer nur gut. Wollen Sie Ihrem Kind nicht die Chance lassen, damit selber fertigzuwerden? Sie werden eh nicht immer da sein können, wenn es brenzlig wird. Was hat es für Konsequenzen, wenn Sie ihm vorgaukeln, dass Sie ihm alles abnehmen können? Wie viel stärker kann es werden, wenn es lernt, Enttäuschungen, Frustrationen und Niederlagen selbst zu überwinden. Gerade die Bewältigung solcher Schwierigkeiten ermöglicht einen weiteren Entwicklungsschritt. Und wir als Eltern und Großeltern müssen lernen, solche Situationen einfach auszuhalten – was schwer genug ist, nicht als Helfer einzuspringen, sondern uns zurückzunehmen und dem Kind die eigene Erfahrung zu lassen. Das kann klein anfangen ...

Die kleine rote Kinderschubkarre schwankte bedenklich, als Janosch, zwei Jahre, sie über den Hof schob. Sein Blick war konzentriert auf den großen Haufen mit Erde und halbverrottetem Laub gerichtet, den er gerade eben mit seiner kleinen grünen Schaufel in die Karre geladen hatte. Und da passierte es: Er stolperte und der mühsam zusammengetragene Inhalt der kleinen Karre landete auf den Pflastersteinen.

„Oh je, Janosch, jetzt ist dir ja alles ausgekippt." Janoschs Mutter stand einige Meter entfernt im Rosenbeet, wo sie wuchernde Triebe zurückschnitt. „Jaa – ach ... " Janosch schnaubte kurz und sah sich um.

Er hustete. Schon seit Wochen kämpften er und seine ältere Schwester mit dem abklingenden Keuchhusten. Wieder hustete er, bückte sich aber gleichzeitig, um mit beiden Händen in den Laubhaufen zu greifen und eine große Portion zurück in die kleine Karre zu befördern. Erneutes Husten – und Bücken. „Langsam, Janosch – lass dir doch Zeit!"

Nein, Zeit hatte er nicht. Dieser Haufen mit Laub und Erde sollte zurück in die Karre. Hustend bückte er sich erneut – hielt kurz inne, um nach Luft zu schnappen, und beugte sich sogleich wieder herab, fasste mit beiden Hände entschlossen in die Laubreste. Der kleine Körper krümmte sich, weil ihn der Husten so schüttelte. Aber ein Teil des Laubes landete wieder in der Karre. Janosch hielt zufrieden inne: „Daa!"

„Du kannst das Laub wieder dort hinten im Beet auskippen!" Janoschs Mutter hatte die abgeschnittenen Rosenzweige in die große Schubkarre gepackt und schob sie vom Hof.

Der Kleine packte die Griffe seiner Kinderkarre und setzte seinen Weg zum gegenüber liegenden Blumenbeet fort. Etwas weniger Laub und Erde waren in seiner Karre, ein kleines Häufchen blieb dort auf dem Pflaster zurück, wo er ins Stolpern geraten war. Konzentriert richtete er seine Augen auf das vor ihm liegende Beet und hustete hin und wieder, während er seine rote Karre zielstrebig und leicht schaukelnd darauf zusteuerte.

Die abgeschnittenen Rosenzweige ragten ein Stück weit über den Rand der abgestellten Schubkarre hinaus. Janosch hatte seine kleine rote Karre geleert und am Rand des Hofes liegen gelassen, er eilte jetzt zu seiner Mutter. Vielleicht gibt es dort eine neue Aufgabe für ihn? Seine Augen waren schon bei ihr angelangt, während er noch um ihre mit Rosenzweigen beladene Karre herumging. Ein dorniger Ast streifte seine Wange. Schmerzvoll verzog er sein Gesicht, Tränen schossen ihm in die Augen. „Oh je, da hast du dir aber wehgetan!" Tröstend schloss ihn die Mutter in die Arme und strich ihm über die zerkratzte Wange. Der Kleine schmiegte sich an sie und schluchzte einige Male ganz erbärmlich, bevor er sich wieder aufrichtete und seinen Weg fortsetzte.

Beim Mittagessen saß Janosch am Tisch, vier rote Striemen auf der Wange, ab und zu hustend und strahlend – nach so einem Morgen.

- An welche Enttäuschungen und Schwierigkeiten Ihrer Kindheit erinnern Sie sich?
- Was hat Ihnen geholfen, damit gut umzugehen, sie zu verarbeiten?
- Welche Schwierigkeiten durften/mussten Sie alleine meistern?
- Wie haben Sie sich danach gefühlt?
- Wo können Sie Ihr Kind gut alleine lassen, auch wenn es schwierige Aufgaben vor sich hat?
- Welche nächsten Wachstums- und Verantwortungsschritte zeichnen sich bei Ihrem Kind ab?

Gesellschaftliche Erwartungen prägen unser Leben oft mehr, als wir uns eingestehen wollen. Wenn Eltern und Erziehende sich Zeit nehmen, ab und zu inne zu halten und zu überlegen, ob sie wirklich noch auf der „richtigen", also auf ihrer eigenen inneren Spur sind, ist es vielleicht einfacher, Situationen zu vermeiden, die bei genauerem Hinsehen weder für Eltern (oder Lehrer und Erzieher) noch für Kinder und Schüler sinnvoll sind.

© Freimut Woessner

Sinn des Scheiterns – Erfolg und Misserfolg erleben

Eltern brauchen keine Angst zu haben, Kindern auch etwas abzuverlangen und sie Momente des Scheiterns erleben und durchleben zu lassen. Vielfach nehmen Erwachsene ihren Kindern durch ihre Angst, ihre übergroße Fürsorge und ihr zu frühes Eingreifen wesentliche Erfahrungen und Entwicklungschancen. Schwierige Situationen tauchen in jedem Leben auf. Kinder können daran wachsen, wenn sie eigene Lösungen dafür finden. Sie genießen auch nichtdurchstrukturierte Umgebungen, nichtdurchgeplante Zeiten. Wo können ihnen eigene Erfahrungen abseits von gut geplanten, TÜV-geprüften und städtebaulich abgenommenen Spielplätzen ermöglicht werden?

Franz zieht gerne mit den Nachbarkindern in den nahen Wald, um dort Butzen zu bauen, tiefe Löcher auszuheben, und ist tagelang damit beschäftigt, diese mit einem wasserdichten Dach zu versehen, – viele Grassoden und Äste braucht es dazu. Kein Erwachsener stört ihn und seine Freunde dabei mit gut gemeinten Ratschlägen. Nur Sorge hat er, dass die größeren Kinder – die ein paar Straßenzüge weiter weg wohnen – etwas von ihren Werken zerstören könnten. Das ist schon mal geschehen, hält die Jüngeren aber nicht davon ab, mit Ausdauer neue, haltbarere Buden zu ersinnen.

- Welche eigenen Abenteuer sind Ihnen in Erinnerung?
- Welche Abenteuer hat Ihr Kind schon erlebt?
- Wie viele Ihrer eigenen Kindheitsträume haben Sie verwirklicht?
- Welchen Traum möchten Sie noch verwirklichen?
- Wo haben Sie das Gefühl, dass Ihr Kind den Rhythmus der Familie sehr bestimmt?
- Wo und wann bestimmen Sie als Erwachsene das Lebenskonzept des Kindes?
- Welche überraschenden Fähigkeiten entdecken Sie bei Ihrem Kind?

?

Kinder und Jugendliche werden in ihrem Leben immer wieder Erfahrungen des Scheiterns machen, die Erfahrung, dass nicht immer alles so reibungslos läuft, wie geplant. Sie werden persönliche Rückschläge verarbeiten müssen. Den Umgang damit können sie – wie Janosch mit der Schubkarre (siehe Seite 106) – schon früh lernen, wenn wir ihnen das nicht vorenthalten, wenn wir nicht zu früh zu Hilfe eilen.

„Die Erwachsenen nehmen uns zu viel ab", war die Einsicht eines Kindes, das an einem Kurs für ADHS-Kinder teilnahm, den Gerald Hüther, Christian Rauschenfels (und viele ehrenamtliche Hände) mehrere Jahre in den Alpen organisiert hatten.[57] Dort lebten die Kinder mit ihren Betreuern unter sehr einfachen Bedingungen inmitten der Natur. Wer sein Holz hacken muss, um warmes Wasser zu bekommen, kann seine überschüssigen Kräfte sogleich sinnvoll einsetzen, spürt die Folgen seines Tuns oder Nichttuns direkt.

Auch Misserfolgs-Erlebnisse sind wichtig, damit Kinder lernen, sich realistisch einzuschätzen und sich mit ihren Stärken und Schwächen zu akzeptieren. Sie können lernen, ihre Unzulänglichkeiten auszuhalten, brauchen dabei aber jemanden, der zuhört, mit aushält, da ist und Verständnis zeigt. Kinder können Misserfolge besser wegstecken, wenn sie einen Ausgleich haben: Freunde, Interessen wie Sport, Lesen, Tiere, Spielmöglichkeiten ... Es ist auch durchaus gesund,

[57] GEO Magazin Nr. 11/09

wenn Kinder (und Erwachsene) zwischendurch Belastendes loslassen und vergessen können und sich der Gegenwart zuwenden.

Angemessene Herausforderungen wecken Anstrengungsbereitschaft, die erfolgreiche Leistungen ermöglichen. So kann es zu Erfolgskreisläufen kommen, in denen gutes Selbstvertrauen wächst, was wiederum die Motivation erhöht, sich neuen Herausforderungen zu stellen.

Erfolgskreis

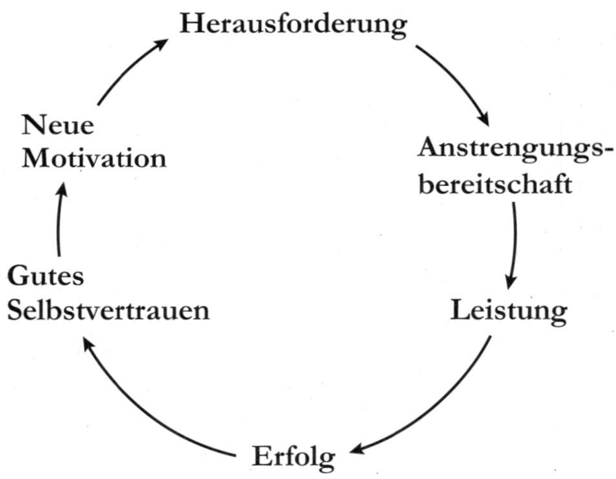

Die abgebildete Darstellung vereinfacht stark, um den Hauptaspekt deutlich zu machen. Der Kontext, in dem die Herausforderungen gestellt werden, spielt immer eine Rolle, ebenso das Umfeld von Familie und Freunden, der biografische Zeitpunkt, die innere Verfassung.

Durch Anstrengung etwas zu erreichen macht zufrieden, bringt Erfolgserlebnisse und neue Motivation. Das erleben wir im Sport, beim Spiel in der Sandkiste bis hin zum handwerklichen Tüfteln, wenn etwas besonders Anspruchsvolles gelingt.

Kurzer Stress tut gut! Eine Studie der San Francisco State University belegt, dass herausfordernde Situationen zwar kurzfristig das Lebensgefühl beeinträchtigen, aber dauerhaft zufriedener machen. Kurz gesagt: Wer sich Aufgaben stellt, ist zufriedener. Oder: Man wächst mit seinen Aufgaben, besonders im Kindesalter.

Zu einem Teufelskreis kann es dagegen kommen, wenn die Herausforderungen zu Überforderungen werden, wenn sie Druck bewirken und anstatt Anstrengungsbereitschaft Angst hervorrufen und Versagen bewirken. Das ist besonders in der Schule spürbar, wenn Kinder durch schlechte Noten entmutigt werden.

Teufelskreis

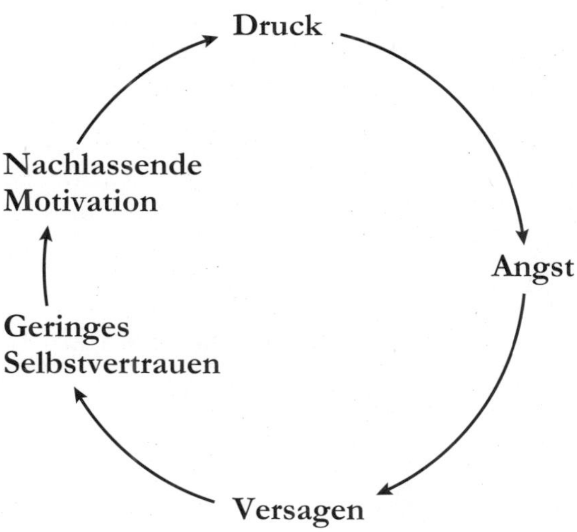

- Wie sind Sie als Kind mit Druck umgegangen?
- Hat er Sie eher gelähmt oder motiviert?
- Wie geht Ihr Kind mit Druck um?
- Hat es ihm etwas entgegen zu setzen?
- Wie können Sie Ihr Kind so stärken, dass es mit Druck umgehen kann und gelassen und fröhlich bleibt?
- Wann muten Sie Ihrem Kind zu, durchzuhalten und sich anzustrengen?

5. Natur stärkt die Seele

„Und sie lachte leise, weil es Flüsse und Wälder gab. Es war kaum zu glauben – wahr und wahrhaftig, es gab große Bäume und große Gewässer, und alles war voller Leben, mußte man da nicht lachen!

[...] nur die Seerosen auf dem Wasser leuchteten weiß. Ronja wußte nicht, daß es Seerosen waren, aber sie sah sie lange an und lachte leise, weil es sie gab.

Dort am Weiher blieb sie den ganzen Tag und tat vieles, was sie noch nie ausprobiert hatte. Sie warf Tannenzapfen ins Wasser und lachte, als sie merkte, daß sie davonschaukelten, wenn sie nur mit den Füßen plätscherte. Soviel Spaß hatte sie noch nie gehabt!“[58]

Wie Ronja lassen sich Kinder in der Regel von dem, was in der Natur passiert, begeistern. Mehr als viele Erwachsene haben sie einen Blick für die kleinen Dinge. Besonders jüngere Kinder können lange verweilen, wenn sie etwas in den Blick genommen haben, was ihre Aufmerksamkeit fesselt. Wenn man sie in Ruhe lässt, nehmen sie sich viel Zeit für genaue Beobachtungen, entwickeln daran eigene Fragen und Neugier für ihre Umgebung. Sie verfolgen den Weg einer Ameise, eines Käfers geduldig. Sie sammeln Steine, Blätter, Gräser, deren Farbe und Form ihnen gefällt, lassen sich ungern stören, wenn ein Staudamm gebaut werden muss, um einen kleinen See zu gestalten, oder wenn die Zwerge wieder eine neue Höhle brauchen. In der Natur werden ihre Eindrücke nicht gleich wieder überdeckt wie bei Fernsehbildern oder Computerspielen, sondern können nachwirken, innerlich ankommen. Auf diese Weise entwickeln Kinder eine emotionale Beziehung zu den Dingen um sie herum. Sie machen sich ihre Umwelt vertraut. Sie erschaffen aus einfachen Dingen, die sie finden, innere Bilder. Steine und Zweige werden durch ihre Phantasie lebendig und zu Mitspielern eigener Geschichten. Sie können Urvertrauen

58 Astrid Lindgren: Ronja Räubertochter. 1982, S. 19–20 (gekürzt)

und eine tiefe Beziehung zu dem Ort, an dem sie leben, entwickeln.[59] In der Natur können Kinder lernen, in sich und der Welt zu ruhen, wie der Neurologe und Psychotherapeut Eckard Schiffer zu Recht sagt.[60]

Als Sarah nach Hause kommt, läuft ihr Felix entgegen. Ihr dreijähriger Enkel ruft begeistert: „Guck mal, Oma, die Blumen." Er zeigt auf die ersten leuchtend lila Krokusse, die gerade durch die dunkle Erdkrume gebrochen sind und in der Märzsonne glänzen. Philomena, die vierjährige Enkelin, zeigt aufgeregt hinter sich: „Oma, und da blühen gelbe!" Beide sind ganz begeistert von ihrer Entdeckung und teilen ihre Freude mit ihrer Oma.

---

[59] Ulrich Gebhard: „Die Vertrautheit der Welt – Zur Bedeutung kindlicher Naturbeziehungen", in: K. Gebauer, G. Hüther: Kinder brauchen Spielräume. Perspektiven für eine kreative Erziehung. Walter Verlag. Düsseldorf und Zürich 2003

[60] Eckhard Schiffer: Warum Huckleberry Finn nicht süchtig wurde. Beltz. Berlin 1999

Wenn wir zum Heimweg drängen, weil es sonst unseren Zeitplan durcheinanderbringen würde, verabschiedet sich die kleine Melanie noch mit „Tschüss Bächlein! Auf Wiedersehen, Baum – mach's gut, Schmetterling" von all den herrlichen Naturwundern. Darin wird ein viel unmittelbarerer Ausdruck von Schöpfungsspiritualität spürbar als in manch komplexen theologischen Abhandlungen.

Immer wieder zeigen uns Kinder, wie sie sich von Begegnungen mit der Natur berühren lassen. Und längst wissen wir, wie sehr Lernen mit Gefühlen verknüpft ist. Gespür und Sensibilität müssen Kinder aber erst entwickeln. So beobachten die Kinder einer Ibbenbürener Grundschule genau die Entwicklung der Entenküken am Teich im Innenhof. Sie gehen nie über den Flur, ohne sich den Enten dort zuzuwenden. Wenn sie in der Pause Streit haben, stehen die Chancen gut, dass sie ihn in dem Moment vergessen, in dem sie sich den Enten zuwenden.

Wann immer sich Bernadette Bilder aus den Zeiten, in denen ihre Kinder klein waren, in Erinnerung ruft, denkt sie daran, wie gerne und wie lange ihr ältester Sohn auf dem Findling im Teich ihres Gartens sitzen und auf das Wasser gucken konnte. Er vergaß alles um sich herum. Natürlich weiß niemand genau, was er dabei möglicherweise gelernt hat. Sicher ist nur, dass er dabei sehr ruhig und konzentriert war. Und wenn sie ihn mal lange auf dem Sofa liegen sah und fragte: „Jonas, was machst du denn da?", antwortete er: „Ich denke nach." An diese Situation erinnerte sie sich wieder, als er über sein Mathematikstudium sprach: „Mathe ist gar nicht so schwer. Viele hören nur an einem bestimmten Punkt auf zu denken. Und da muss man einfach weiterdenken."

Als der Physiker Gerd Binning den Nobelpreis erhielt, wurde er gefragt, wie er es geschafft habe, besser zu sein als die anderen, und ob er an der Uni mehr gelernt habe. Darauf antwortete er: „Nein. Während die anderen immer nur paukten, ging ich am Wochenende bergsteigen oder tauchen. Ich glaube, dabei habe ich das gelernt, was mich von den anderen unterscheidet." Der Physiker erklärt nicht genau, warum er in der Natur mehr gelernt hat als die anderen, die an der Uni gepaukt haben. Sicher ist aber, dass er dabei Erfahrungen und Beobachtungen gemacht hat, die für seine Arbeit und für sein

Leben wichtig waren. Dabei ist er nicht einem vorgeschriebenen Weg gefolgt, sondern seinem ganz eigenen.[61]

„Vielleicht nutzen Menschen, die naturnah leben, ihre Intuition besser?“, fragt Rudolf Wötzel, der Banker, der zum Pilger wurde. Und hilft diese Intuition nicht nur zur Orientierung in der Natur, sondern auch zur Orientierung im Leben?[62]

Zu Ritas schönsten Kindheitserinnerungen gehört, dass ihr Vater mit ihr und ihren Geschwistern sonntagsmorgens querfeldein durch den Wald ging und sie aufmerksam machte auf die unterschiedlichen Vogelstimmen oder ihnen zeigte, Pilze unter Tannennadeln zu entdecken, die man nur dadurch sehen konnte, weil die Tannennadeln ein wenig angehoben waren. Sie horchten auf die Kirchenglocken der umliegenden Dörfer, entdeckten das Gewölle von Eulen und bestaunten besonders gerade gewachsene Bäume.

Später ist Rita mit ihren eigenen Kindern so lange, wie deren Interessen das zuließen, täglich und bei Wind und Wetter in den nahe gelegenen Wald gegangen und hat mit ihnen die Natur einfach nur genossen. Noch heute läuft sie bei jedem Wetter durch den Wald und erlebt sehr bewusst die täglichen Veränderungen mit. In den Ferien kann sie sich noch immer dafür begeistern, mit dem Fahrrad loszufahren, Brombeeren oder Holunderbeeren zu sammeln, um daraus Marmelade, Gelee oder Saft zum Verschenken zu machen.

Sind es nicht solche selbst geschaffenen Momente von Glück, mit denen wir Lebensenergie und Lebensfreude in unseren Alltag bringen?

Viele Erwachsene, die einen Garten haben, wissen, wie wohltuend Gartenarbeit sein kann, wie Traurigkeit verfliegt, wie der Stress weniger wird und man bei sich selber ankommen kann. Spirituelle Erfahrungen, wie viele sie heute auf dem Jakobsweg suchen, kann man auch bei der Gartenarbeit oder bei einem Spaziergang durch den Wald machen. Beides tut nicht nur Erwachsenen gut, sondern

---

[61] Gerd Binning, in: Tiziano Terzani: Das Ende ist mein Anfang. Ein Vater, ein Sohn und die große Reise des Lebens. Goldmann. München 2008, S. 195

[62] Rudolf Wötzel: Über die Berge zu mir selbst. Integral Verlag. München 2009, S. 51

auch Kindern. Gut ist, wenn Kinder diese Ressource frühzeitig kennen lernen, entweder von und mit ihren Eltern oder aber von Großeltern, Nachbarn. Die Freude, die Kinder dabei erlebt haben, können sie häufig als Erwachsene wieder wachrufen.

- Können Sie sich an Waldspaziergänge oder an Spiele im Wald in Ihrer Kindheit erinnern?
- Was bedeutet es Ihnen heute, draußen in der Natur zu sein?
- Hat Ihr Kind die Möglichkeit, im Wald zu spielen und sich zu bewegen?
- Was beobachten Sie dann an Ihrem Kind?

?

Wald- und Bauernhofkindergärten

Eckard Schiffer, Neurologe, Psychotherapeut und ehemaliger Chefarzt aus Quakenbrück, stellt fest, dass Kinder aus Waldkindergärten, die sich überwiegend in der freien Natur aufhalten, keine Förderprogramme, keine Gruppenräume, nicht einmal Buntstifte genießen, und trotzdem den Kindern, die mit Förderprogrammen umsorgt

werden, voraus sind in ihrer Konzentrationsfähigkeit und motorischen Geschicklichkeit. Die Vielfalt, die uns Wald und Wiesen zur Verfügung stellen, scheint für die Entfaltung der kindlichen Phantasie und Kreativität anregender zu sein, als von Erwachsenen bereitgestellte teure Lern- und Spielmaterialien. Sich selbst phantastische eigene Welten zu erschaffen und mit Elfen, Feen, Zauberern und Zwergen zu bevölkern, ist im freien, ungestalteten Wald leichter möglich als in gut vorbereiteten Lernwelten oder sauber eingezäunten Spielplätzen.

So gibt es bundesweit mittlerweile etwa fünfzehn Bauernhofkindergärten, die auf einem landwirtschaftlichen Betrieb angesiedelt sind, einer davon auch seit September 2012 auf dem CSA-Hof Pente. [63] Hier können Kinder schon früh auf spielerische und erlebnisorientierte Weise ein Bewusstsein für die Abläufe in der Natur entwickeln. Sie „[...] lernen wichtige Komponenten des Lebens, wie Wachstum, Veränderung, Vergänglichkeit. Sie üben Geduld, erleben Kontinuität, verstehen die Elemente und Jahreszeiten. Sie erleben die Natur als ein lebendiges und schützenswertes Gut. Durch die natur- und tiergestützte Pädagogik können viele wichtige Erziehungsziele vermittelt werden, ohne dass sie künstlich gefördert werden müssen."

[63] www.hofpente.de, 28.7.2013

Auch durch das bewusste Erleben der Jahreszeitenfeste wie Ostern, Weihnachten und Erntedank sowie Aussaat und Ernte entwickeln die Kinder einen aufmerksamen Zugang zur Natur. „Hier können sie mit allen Sinnen lernen, sie staunen, füttern, pflanzen, sie ernten, buddeln, klettern und rennen. [...]“ [64] Das tut Körper und Seele gut und stärkt sie für ihr gesamtes weiteres Leben. Wer würde seinem Kind das nicht wünschen.

Da nicht alle Kinder kurzfristig in den Genuss kommen können, einen Bauernhofkindergarten zu besuchen, lassen Sie, wo immer es möglich ist, Kinder im Wald spielen und dabei über Baumstämme balancieren und über Bachläufe springen, Steine und Blätter sammeln und das Leben mit allen Sinnen ergreifen. Viele Kinder wissen heutzutage nicht mehr, wie Erbsen, Bohnen, Möhren oder Kartoffeln wachsen. Wer in seinem Garten ein Beet zur Verfügung stellen kann, damit Kinder sehen, wie Gemüse wächst, und wenn sie dann noch beim Ernten helfen dürfen – welch ein Genuss! Wie viel besser schmeckt selbst angebautes und selbst geerntetes Gemüse oder Beerenobst, dem man beim Wachsen zuschauen durfte. Wer keinen Garten hat, kann vieles auch auf dem Balkon wachsen lassen oder sogar in einem kleinen Blumentopf. Wenn im Unterricht gemeinsam Zucchini-Samen eingesetzt werden, die oft schon am nächsten Tag aus der Erde brechen, genießen die Kinder es, der Pflanze sprichwörtlich beim Wachsen zuzusehen. Manche Erfahrungen und Erlebnisse, bei denen Kinder lernen, Zusammenhänge zu erkennen, sind sowohl zu Hause als auch in der Schule mit wenig Aufwand zu realisieren. Wo anders können wir Begreifen und Denken besser fördern als durch dieses aktive Ergreifen der Dinge?

Die engagierte bayrische Pädagogin und Autorin Fee Czisch fasst die Wirkung dieser Art des Lernens zusammen: „Und wer denken kann, kann alles denken.“ [65]

---

64 Karin Toma et al: Konzeption des Bauernhofkindergarten Wilkenshoff, S. 5 und S. 4, www.bauernhofkindergarten-wilkenshoff.de, 28.7.2013

65 Fee Czisch: Kinder können mehr. 2007, S. 153

Die freie Natur ist der beste Spielplatz

Mehmet nimmt seit einiger Zeit an der Fördergruppe teil. Er spricht noch wenig Deutsch. Die gesamte Gruppe unternimmt einen Ausflug zum nahe der Schule gelegenen Bach. Es ist Frühling. Die Sonne scheint durch das erste Grün der Bäume.

Die Lehrerin ist fasziniert von dem Licht und der Atmosphäre am Bachufer und macht die Kinder voller Freude darauf aufmerksam, wie das Wasser durch die Bewegung und die Sonnenstrahlen „glitzert". Mehmet lauscht aufmerksam, mit offenem Herzen. Das Wort hallt in seinem Inneren nach.

Als er viel später noch einmal mit seiner Klassenlehrerin dort hingeht, wiederholt er das, was er von seiner Förderlehrerin gehört hat: „Guck mal, Frau Meier, wie das Wasser glitzert!"

Mehmet hat dabei mehr gelernt als eine Vokabel. Er hat die Bewegung des Wassers, die Strahlen des Lichtes gesehen und ist in Berührung gekommen mit dem Wunder der Natur und dem Zauber der Sprache. Auch lern-theoretisch ist inzwischen belegt, dass emotional verankerte Situationen ganz anders erinnert werden als Situationen, die uns innerlich unberührt lassen.

- Welche Bilder aus Ihrer Kindheit und Begebenheiten in der Natur haben einen tiefen Eindruck in Ihnen hinterlassen?
- Gab es Orte, an denen Sie sich besonders gerne aufgehalten haben und an denen Sie besonders gerne gespielt haben?
- Mit welchen Ihnen nahestehenden Personen haben Sie die Freude darüber geteilt?
- Wo und wann kann Ihr Kind Natur erleben und bewusst wahrnehmen?
- Was beobachten Sie in solchen Situationen bei Ihrem Kind?
- Mit wem kann es seine Freude teilen?

?

Die Kinder von Meyers, Schüttes und Lehmanns freuen sich immer sehr auf die Fahrradausflüge in den Wald, zu denen auch der Hund mitkommt. Auch wenn die Eltern dabei sind, häufig nur zwei Mütter, können die Kinder doch frei herumstromern, toben, auf Bäume klettern, barfuß durch den kleinen Bach laufen, mit Steinen Übergänge oder Staudämme anlegen oder im Schlamm matschen. Dafür brauchen sie die Erwachsenen nur aus der Ferne, so dass die Mütter die Zeit nutzen, sich zu unterhalten. So folgen dem letzten Waldpicknick Anfang November oft noch ein allerletztes Mitte November und manchmal gar eine Woche später noch ein aller-aller-letztes Picknick.

„Studien zeigen, dass Kinder, die unbeaufsichtigt in der Wildnis spielen, kognitiv aufblühen, dass sie umsichtiger werden, dass ihr Mitgefühl wächst, ja dass sogar ihre Schulleistungen steigen. Neurobiologen sind überzeugt, dass in der Wildnis, die kein Ingenieur designt hat und keine besorgte Mutter aufgeräumt, die Synapsen im kindlichen Hirn ins Kraut schießen […]."[66]

---

[66] Andreas Weber: Auf die Bäume. In: Der Spiegel – Wissen. Die Kunst der Erziehung, 3/2011, S. 129

Bei Abenteuern in der Natur ist der ganze Mensch gefragt. Wenn die Pfadfinder losziehen, sind sie ganz auf sich gestellt. 15- bis 17Jährige begleiten die 10- bis 12Jährigen auf großen Wanderungen. Der Rucksack mit der Kleidung muss selbst getragen werden und die Zeltplanen werden verteilt – jeder trägt etwas vom gemeinsamen Haus.

Lisa war 11 Jahre und konnte ihren 11 kg schweren Rucksack gerade so tragen, als sie in den Zug zur Fähre stieg, die sie und ihre Pfadfindergruppe nach Schweden bringen sollte, wo sie drei Wochen lang wandern wollten. Die Bahnhofsluft war schwer von mütterlicher Besorgnis. Zum Glück gab es auch Mütter, deren Kinder im Jahr zuvor schon mitgefahren waren, und die von der Begeisterung erzählten, mit der ihre Kinder heimgekommen waren.

Ein Jahr später musste Lisa ins Krankenhaus, als sie mit ihrem Vater eine Burgentour am Rhein entlang machte und sich während der Zugfahrt beim Apfelschälen tief in die Hand geschnitten hatte. Das hatte der Vater trotz Anwesenheit nicht verhindern können. Sie wollte den Ausflug nicht abbrechen und fuhr mit weiß bandagierter Hand weiter – und erfreute sich dadurch der besonderen Aufmerksamkeit vieler Burgherren …

Vielleicht braucht es besonders gute Schutzengel auf den Pfadfinder-Reisen, vielleicht sind Kinder und Jugendliche aber auch besonders wachsam, wenn sie – ohne erwachsene Begleitung – auf sich gestellt sind, und für ihr eigenes Fortkommen, ihr Essen, ihre Wegstrecken verantwortlich sind.

Nun können wir nicht alle wie die Pfadfinder nach Schweden ziehen, um dort in der Morgendämmerung die Elche zu beobachten, was sicher seinen Reiz hätte. Aber das morgendlich nasse Gras im Garten, durch das wir barfuß laufen können, das trockene Laub im Park, das zwischen den Fingern wie Papier raschelt, die unzähligen emsigen Ameisen und nervigen Mücken und Fliegen, viel zu früh schon muntere Vögel und unerschütterlich die Sonne genießende Katzen gibt es auch in Städten zu beobachten.

Die Sonne im Gesicht und den Regen auf der Haut spüren – das genießen Kinder. Wenn dann ein Gegenüber – Eltern oder Großeltern – da ist, das sich mit darüber freuen kann, – umso besser. Jede

Jahreszeit birgt ihre eigenen Vorzüge und Besonderheiten: das erste Grün des Frühjahrs, mit den so übermütig tönenden Vögeln, die Freude an der sommerlichen Wärme, die andere Kleidung und Bewegungen erlaubt, wie es die kleine Sarah ausdrückte: „Dann kann ich endlich wieder in meinen Kleidern tanzen!" Im Herbst das Rascheln des Laubes unter den Füßen, das man auch zu großen Bergen auftürmen kann, das unterschiedlich schnell vermodert, das Plätschern eines Bachlaufs – und die Eiskristalle des Winters, die langen Abende, die zum Laterne-Gehen und Singen einladen ...

© Marie Marcks

Beim Blick auf diese Karikaktur von Marie Marcks scheint es völlig selbsterklärend, dass der fliegende Schmetterling den wahren Naturbezug ermöglicht. Aber wie schnell unterliegen wir der Verführung, die die Technik uns bietet. Ein Stift („Ting-Stift"), der z.B. Vogelstimmen bei Berührung des entsprechenden Punktes neben dem Vogelbild im Buch erklingen lässt, macht das Lernen doch vermeintlich so viel einfacher, als mit den Kindern vor die Tür zu treten und in den Bäumen und Büschen die Vögel zu suchen, die den Morgen so begeistert begrüßen.

Ähnliche Erfahrungen machte auch Neurobiologe Gerald Hüther aus Göttingen, der gemeinsam mit Christian Rauschenfels, dem Gründer der Sinn-Stiftung, das Projekt *Via nova* für Kinder und Jugendliche mit AD(H)S-Symptomatik konzipierte und für sie jährlich mehrwöchige Aufenthalte auf einer Alm organisierte (siehe Seite 111). Dort waren sie für die Organisation ihres Alltags selbst verantwortlich, vom Holz holen zum Feuer machen und Kochen, Saubermachen und dem Erkunden der Natur. Eine wahrlich heilsame Erfahrung für die Kinder, die dort ohne Ritalin auskamen, dem Medikament, das immer mehr und öfter Kindern verabreicht wird, damit sie ruhiger werden, und das doch immer nur das Symptom bekämpfen kann.

Was drücken Kinder jedoch mit diesen Symptomen aus? Welche Möglichkeiten können wir nutzen, um Zugang zu ihnen und ihren Bedürfnissen zu bekommen? Was kann diesen Kindern helfen, wieder Zugang zu sich selbst zu bekommen? Welche Möglichkeiten haben wir, unseren bewegungshungrigen Jungs die Spiel- und Erfahrungsräume zur Verfügung zu stellen, die sie brauchen, um dann auch wieder stillsitzen zu können. Was kann diesen Kindern helfen, ein positiveres Selbstbild zu entwickeln?

Symptome wie AD(H)S sind wie ein Blinken des Benzinstandanzeigers im Auto. Es wird höchste Zeit zu handeln! Tanken oder Anhalten. Nicht aber den Blinker zukleben. Seien wir froh, dass es diese hilfreichen Signale gibt. Fragen wir uns, was wir tun können. Und viel wichtiger als das Gespräch mit Experten oder das Lesen von Anleitungen ist es, direkt in den Dialog mit unseren Kindern zu gehen und mit ihnen zu sprechen.

Innehalten

Die Natur mit ihren unzähligen unterschiedlichen Facetten, die es zu entdecken gilt, lädt immer wieder zum Verweilen ein. Nutzen wir diese Chancen zur Entschleunigung.

In dem Moment, in dem sich Kinder auf das, was in der Natur geschieht, einlassen, sind sie sich selber nahe. Sie lernen innezuhalten. Begegnungen mit der Natur sind gleichzeitig Begegnungen mit sich selbst, wie eine alte Volksweisheit ausdrückt: *Wer innehält, hat innen Halt.* Diese Erlebnisse führen zu essentiellen spirituellen Erfahrungen von Einheit und Verbunden-sein, die in unserer schnelllebigen Zeit nicht nur wertvoll für Kinder sind. Im Innehalten entwickeln sie ein Gespür für das, was um sie herum passiert, und gleichzeitig ein

Gespür für sich selbst. Wo könnte es bessere Voraussetzungen geben für die Ausbildung von Selbstwahrnehmung und Empathie? Gleichzeitig werden soziale Kompetenzen gefördert und damit – und das ist nicht übertrieben – wird ein Beitrag zur Friedenserziehung geleistet.

Differenziert wahrnehmen, fühlen und denken können Kinder nicht in virtuellen Welten lernen. Sinnliche Wahrnehmung vollzieht sich mit allen Sinnen und an den einfachen, greifbaren Dingen. Wo finden sich zur Entwicklung der kindlichen Sinne mehr Anregungen als in der Natur? Sie bietet Herausforderungen und Möglichkeiten für Menschen aller Altersstufen an. Es beginnt damit, sich zum Beispiel bewusst dem Wetter auszusetzen, Sonne, Wind und Regen zu spüren, den Wechsel der Jahreszeiten hautnah zu erleben, und kann unbegrenzt weitergeführt werden – von kleinen Spaziergängen zu Wanderungen durch unbekanntes Gebiet, Klettertouren im Gebirge, von einer Kanufahrt auf dem Kanal bis zum Wildwasser-Canooing – wundern Sie sich nicht darüber, wie schnell Ihre Kinder Ihnen vorauseilen werden, und genießen auch Sie die Inspirationen, die die Natur für alle bereithält.

Vielleicht kennen Sie einen Platz, wo es Kastanien, Eicheln, Bucheckern vom letzten Herbst gibt? In eine Schüssel oder Wanne gefüllt, geben Kastanien in der kalten Jahreszeit ein wunderbares Fuß-Fühlbad. Geradezu luxuriös ist es, wenn die Kastanien im Ofen etwas angewärmt wurden.

- An welche Ausflüge in die Natur, in den Wald, an einen Bach, Teich oder Fluss erinnern Sie sich?
- Welche Ausflüge in die Natur liebt Ihr Kind besonders?
- Mit wem unternimmt Ihr Kind gerne ein Picknick oder eine Wanderung?
- Welches war als Kind Ihr liebster Spielplatz im Freien?
- Haben Sie schon mal im Freien übernachtet?
- Gibt es einen Platz in der Natur, den Ihr Kind besonders liebt?

?

6. Spielen macht schlau

Einen der intensivsten Spieltage ihrer Kinder erleben Maria und Hannes an einem Urlaubstag auf Gozo, der kleinen Nachbarinsel von Malta. Sie haben sich auf der Insel ein Häuschen gemietet. Heiß ist es und nach dem Frühstück sind alle wenig unternehmungslustig. Während die Erwachsenen noch ins Gespräch vertieft am Tisch sitzen bleiben, beginnen die Kinder, 13, 10, 8 und 5 Jahre alt, ein Verkaufsspiel. Ein kleiner Tisch und ein Stuhl stellen den Laden dar und im Küchenschrank findet sich eine alte, klapprige Küchenwaage. Ja, aber was kann man denn in dem Laden kaufen? Ein paar Muscheln haben sie schon am Strand gefunden – das ist ihnen jedoch ein zu mageres Angebot. In der Spielzeugtasche, die sie mitgenommen haben, gibt es dicke Buntstifte und Wachsmalkreiden. Sie beginnen zu malen: Bananen, Äpfel, Apfelsinen, Kartoffeln, Salat. Eine Schere findet sich auch noch im Schrank, Papierreste liegen bei den Überresten ihrer Einkäufe, Verpackungen, deren Rückseiten unbedruckt sind, Werbeprospekte und etwas Schreibpapier, das sie von zu Hause mitgenommen haben.

Der Herstellungsprozess dieser Produkte ist intensiv und zeitaufwändig, immer wieder werden Verbesserungen und Korrekturen vorgenommen. Die Älteren beschriften die Zeichnungen, derweil beginnt die Jüngste, aus den Spielsteinen eines mitgenommenen Gesellschaftsspiels die Kasse aufzufüllen und für die Kunden schon etwas „Klein- und Wechselgeld" bereitzulegen.

Das Sortiment des Ladens ist wohlgeordnet. Die Früchte liegen auf der einen Seite des Tisches – getrennt von den Dingen des täglichen Lebens wie Seife und Zahnbürsten. Das Kleingeld ist durch beschriftete, farbig schraffierte Geldscheine ergänzt worden. Und die Angebotspalette wächst weiter, weil die jungen Verkäufer ihren zeichnerischen Ambitionen hier freien Lauf lassen können. Zwischendurch gibt es mal einen kleinen echten Imbiss, so einfach, wie es die Urlaubsküche zulässt – dann geht das Spiel weiter. Die Rollen werden zwischendurch gewechselt, jedes der Kinder will mal kassieren dürfen oder einkaufen gehen. Das gesamte Spiel zieht sich über Stunden hin, bis in den späten

Nachmittag, als sich – vor allem bei den Erwachsenen – der Hunger bemerkbar macht und ein gemeinsames Abendessen vorbereitet wird.

Es ist zu bezweifeln, dass sich die Kinder zu Hause so lange und intensiv mit ihrem viel schöneren Holz-Kaufmannsladen beschäftigt hätten, in dem es leuchtend farbige, täuschend echte Holzfrüchte gab.

Das Potential der Kinder – ihre Phantasie – liegt in ihren Köpfen und es braucht oft nur wenige Impulse, um sich zu entfalten. Spielzeug, das schon so perfekt und fertig ist, dass die Kinder daran nur noch Knöpfe zum Ein- und Ausschalten betätigen können oder vor dem sie in Ehrfurcht sitzen und es bestaunen, hilft ihnen nicht, ihren eigenen inneren Reichtum zur Entfaltung zu bringen.

Das Pädagogen-Ehepaar Rebecca und Maurice Wild hat in Ecuador viele Jahre lang eine freie Schule geleitet, den „Pesta". Dort wurden Kinder von den Lehrerinnen und Lehrern in einer wohl vorbereiteten Umgebung empfangen und bei ihren täglichen Forschungs- und Entdeckungsreisen begleitet. Das freie Spiel hatte eine tragende Bedeutung. Die Kinder durften entscheiden, was sie spielen wollten, und das so lange, bis sie sich „satt" gespielt hatten. „Erst wenn sie sich satt gespielt und immer wieder mit unstrukturierten Dingen ihre eigenen Ideen verwirklicht haben, erreichen sie eine neue Schwelle."[67] Erst dann können sie von sich aus die Bereitschaft entwickeln, sich mit anderen Fragen und Themen zu beschäftigen.

Auch der Schweizer Psychologe und Philosoph Albert Vinzens weist eindringlich darauf hin, wie wichtig gerade das freie Spiel „für die Persönlichkeitsentwicklung" von Kindern ist, dass es untrennbar mit dem „Kindsein dürfen" verbunden ist und nie nachgeholt werden kann. Er warnt vor den Schäden, die sich erst viel später zeigen können, wenn bei Kindern der „natürliche Strom des Spiels zu früh in die Bahnen des Lernens und Abstrahierens gelenkt wurde". Kinder, die zu stark gelenkt und zu früh und zu viel gefördert werden und die dadurch nicht genügend spielen, entwickeln keine eigenen Bilder und keine eigenen Vorstellungen von dem, was ihnen selber wich-

---

[67] Rebecca Wild: Lebensqualität für Kinder und andere Menschen. Erziehung und der Respekt für das innere Wachstum von Kindern und Jugendlichen. Beltz Taschenbuch. Weinheim und Basel 2001, S. 115

tig und richtig erscheint. „Wo das Spiel ausbleibt, steht mit Friedrich Schiller gesprochen, der Mensch selbst auf dem Spiel."[68]

In eigene Welten eintauchen

Bruno Bettelheim, der 1990 verstorbene weltbekannte Professor für Pädagogik, Psychologie und Psychiatrie, berichtet davon, dass Albert Einstein mit drei Jahren noch nicht gesprochen habe, sondern es vorzog, sich mit Bausteinen und Puzzlespielen zu beschäftigen. Einstein selbst schrieb dazu, „der Mensch sucht sich jeweils auf seine Weise ein vereinfachtes und durchsichtiges Bild der Welt zu formen, und die Welt der Erfahrung dadurch zu überwinden, dass er sich bemüht, sie bis zu einem gewissen Grad durch dieses Bild zu ersetzen."[69] Ein

---

68 Albert Vinzens (Hrsg): Lasst die Kinder spielen. Wie das Spiel den Menschen bildet. Verlag Freies Geistesleben. Stuttgart 2011, S. 7 und S. 26

69 Albert Einstein, in: Bruno Bettelheim: Ein Leben für Kinder. Erziehung in unserer Zeit. Beltz. Weinheim, Basel, Berlin 2003, S. 199

solches „vereinfachtes und durchsichtiges Bild der Welt“ können sich Kinder allerdings nur selbst aneignen, wenn sie die Zeit, Muße und den Freiraum haben, eigene Spiele, Konstruktionen mit Bauklötzen, Versuche beim Puzzlen, Rollenspiel-Szenen zu erproben, Fehler zu machen und neue Versuche – wieder und immer wieder, ohne dass ein Erwachsener besser-wissend eingreift, sie korrigiert, Vorschläge macht und dadurch verhindert, dass sie ihr eigenes, altersgemäßes Bild entwickeln können.

Kein Fernsehprogramm kann Kinder dazu bringen, die notwendige Ausdauer zu entwickeln, bei Fehlschlägen immer wieder neu zu beginnen, und seine komplexen Vorstellungen z.B. in einer Landschaft aus Bausteinen darzustellen, neu zu formen, zu überarbeiten und dabei mit Geduld und Phantasie zu Werke zu gehen. Im Spiel lernen Kinder sich auf eine Sache zu konzentrieren, sich ausdauernd damit zu beschäftigen und damit das, was für das spätere Lernen wichtig ist: Interesse, Lernwille, Konzentrationsfähigkeit und Anstrengungsbereitschaft. Durch die Erfolgserlebnisse beim Spiel wird gleichzeitig das Vertrauen in die eigenen Fähigkeiten gestärkt. „Man fand heraus, dass das ausgiebige Spiel in der Kindheit die Grundlage für Motivation, Konzentration und Lernlust bildet. [...] In der Schule fallen Kinder, die keine Chance hatten, das ruhige Spielen zu lernen, oft durch Verhaltens- und Lernprobleme auf."[70]

Bettelheims Hinweis, dass die Beteiligung und Hilfestellung von Erwachsenen in solchen Spielphasen ganz und gar kontraproduktiv sein kann, lässt aufmerken. Die Erwachsenen können fast alles wesentlich besser und das Kind kann seine eigenen Vorstellungen, wie man „richtig" baut und spielt, bei ständiger Korrektur nicht entwickeln.[71]

Kinder brauchen kein möglichst vielfältiges Angebot an Spielzeug, um viel von ihren eigenen Möglichkeiten zu entwickeln. Intensive Spiele, die aus der Phantasie und dem inneren Reichtum der Kinder entstehen, entwickeln sich gerade da, wo das Angebot überschaubar und der zur Verfügung stehende Raum begrenzt ist.

„Hier bleiben wir jetzt aber auch!", fordert Maikes Sohn, als die Familie aufs Geratewohl einen Urlaubsort an der Müritz ansteuert. Das soll heißen, keine Besichtigungen, keine weitere Suche nach anderen „Spielparadiesen". Dort an dem See, an dem sie ein kleines, einfaches Häuschen mieten, stehen den drei Kindern nur ein kleines Ruderboot und der See inmitten eines kleinen Waldes zur Verfügung, außerdem für die Abende die mitgebrachten Gesellschaftsspiele. Und es gibt für sie in den folgenden zwei Wochen nichts Schöneres, als an diesem Seeufer nach Herzenslust zu schwimmen und herumzutollen, und eine im See liegende kleine Insel zu erkunden, um dort Picknick zu machen. Sie genießen jeden Tag ihren selbst bestimmten Tagesablauf und kommen so manches Mal schon mit triefend nassen Haaren zum Frühstück, weil sie ihre ersten Wasserspiele gleich nach dem Aufstehen begonnen haben.

Durch ein einfaches und reduziertes Spielzeugsortiment entstehen viel eher eigene und vielfältige Ideen für ganz neue, selbst ausgedachte Spiele. Manchmal ist es gut, für eine bestimmte Zeit Spielzeug auszusortieren und im Keller oder auf dem Dachboden zu verwahren, um es nach einigen Wochen wieder hervor zu holen. Wenn die

---

70 Karl Gebauer: Klug wird niemand von allein. 2007, S. 17

71 Bruno Bettelheim: Ein Leben für Kinder. 2003, S. 201–202

Sprösslinge nach dem ultimativen, neuen Spielzeug verlangen, das der Nachbarjunge oder die Schulfreundin bekommen hat oder was in der Werbung angepriesen wird, braucht es allerdings gute Nerven der Eltern. Ein „Nein" auszusprechen und durchzuhalten ist anstrengend, und eine solche Urlaubssituation wie auf Gozo (siehe Seite 129) oder an der Müritz (siehe Seite 133) ein beglückendes Geschenk.

Johanna, vier Jahre, hat Besuch von ihrem Kindergartenfreund Janosch, fünf Jahre. Nach einiger Zeit fragt Johanna: „Oma, der Janosch hätte gerne den Mähdrescher, der oben im Schlafzimmer bei euch in der Geschenke-Kiste ist." „Warst du mit ihm denn oben?" „Nein, aber ich hab Janosch davon erzählt und der möchte den so gerne. Friedmut hat doch schon so viele Trecker und den Heuwender und den Anhänger." Friedmut ist der dreijährige Bruder von Johanna. „Ja, dann geh mal Opa fragen, ob er den schon jemandem versprochen hat."

Opa kann gut verstehen, dass die freundschaftlichen Beziehungen durch kleine (oder manchmal auch größere …) Geschenke gestärkt werden müssen. Er holt den kleinen Plastik-Mähdrescher für den jungen Kavalier.

Zwischenzeitlich hatte sich Friedmut dazu durchgerungen, seinen Case-Traktor an Janosch abzutreten, weil Friedmut mit ihm so intensiv mit den verschiedenen Treckern aus seiner Sammlung gespielt hatte. Neben John Deere und Deutz – beides grüne Traktoren – war der rote Case immer Friedmuts Lieblingsstück. Es ist also ein echter Zuneigungsbeweis, diesen abzugeben.

Janosch, den Mähdrescher vorsichtig, aber doch entschlossen an sich gedrückt, wendet sich Friedmut zu: „Wenn ich jetzt den Mähdrescher habe, kannst du deinen Case aber behalten. Das wäre ja zu viel, wenn ich die beide hätte." Friedmut nickt, sagt aber nichts. Ihn beschäftigt noch, dass er ja auch sehr gerne so einen Mähdrescher hätte. So einer fehlt ihm noch in seiner Sammlung. Ob Opa noch einen davon hat?

„Opa, ich möchte auch einen Mähdrescher, hast du noch einen?" „Nein, Friedmut, ich habe keinen mehr." „Opa, kaufst du mir denn auch so einen? Ich möchte auch einen haben."

Die Oma kommt hinzu: „Kommt ihr zum Essen?" Opa schaut etwas verzweifelt: „Jetzt hat Friedmut mitbekommen, dass ich Janosch den Mähdrescher gegeben habe, und will auch einen."

„Ja und?", meint die Oma. „Müssen Kinder immer sofort alles haben, was sie wollen? Dann kann er sich doch einen zum Geburtstag wünschen. Ist doch toll." Hm – Opa schaut unglücklich. „Aber ich finde es so schwierig auszuhalten, wenn er jetzt traurig ist."

Diebstahl oder Mord?

Viele Eltern meinen es besonders gut und wollen ihre Kinder beim Spielen mit Angeboten unterstützen: „Braucht ihr noch Wasser im Sandkasten, wollt ihr noch Steine, habt ihr Hunger?" Oftmals fühlen Kinder sich dadurch jedoch eher kontrolliert und in ihren eigenen Vorstellungen behindert. Ihre Phantasie wird durch die Unterbrechungen gebremst. Es ist wichtig für Kinder, eigene Freiräume zu entdecken, zu nutzen und Fehler machen zu dürfen. Wenn Kinder unter sich sind und in ihr Spiel vertieft, dürfen und sollten Eltern sich getrost zurücklehnen und ihrerseits die so entstandenen Freiräume für sich nutzen. Gefragt sind sie an anderer Stelle früh genug wieder. Auf Ruth Cohn, Psychotherapeutin und Begründerin der Themenzentrierten Interaktion (TZI) geht der Ausspruch zurück: „Zu wenig geben ist Diebstahl, zu viel geben ist Mord."[72]

Und zugleich zeigt schon die kleine Geschichte des Mähdrescher-Wunsches (siehe Seite 134), wie schwer es für Eltern und Großeltern(!) sein kann, überhaupt auszuhalten, wenn Kinder enttäuscht oder traurig sind, weil die Großen ihren Wünschen nicht sogleich nachkommen (können). Dabei wissen wir ja vom Kopf her genau, dass Kinder auch lernen müssen, solche Gefühle auszuhalten, denn natürlich wird ihnen im Leben nicht jeder Wunsch sogleich erfüllt werden können. Dazu würden auch Opas Möglichkeiten beim besten Willen nicht ausreichen. – Falls er überhaupt so ein gesegnetes Methusalem-Alter erreicht, um dann noch da zu sein.

Mangel an Notwendigem kann natürlich Kindern das Leben schwer machen. Wie war das in Ihrer eigenen Kindheit? Vielen sind ja die Geschichten von Vätern vertraut, die ihren Söhnen komplexe Eisenbahnen mit sehr differenziertem Zubehör kaufen, weil sie selbst

---

[72] Ruth Cohn: Es geht ums Anteilnehmen. Die Begründerin der TZI zur Persönlichkeitsentfaltung. Herder Verlag. Freiburg im Breisgau 2001, S. 142

als Jungen davon geträumt haben. Es lohnt sich, den Satz von Ruth Cohn wahrzunehmen, dass auch ein Zuviel schädlich sein und der Phantasie und Kreativität unserer Kinder dauerhaft schaden kann.

- An welche Spielplätze und Ideen aus Ihrer Kindheit erinnern Sie sich noch?
- Welche Spiele Ihrer Kindheit fanden Sie besonders faszinierend?
- Welches war als Kind Ihr Lieblingsspielzeug?
- Auf welches Spielzeug könnte Ihr Kind nur schwer verzichten?
- Woran hängt sein Herz wirklich?
- Was aus seinem Zimmer, im Haus und Garten könnten sie ruhig mal einige Wochen lang verschwinden lassen, ohne dass es vermisst würde?
- Beobachten Sie, ob dadurch sogar ein Freiraum entsteht, in dem Ihr Kind auf neue Spielideen kommt.

?

Abenteuer im Kopfkino – Quellen der Klugheit

Es ist ein Irrtum zu meinen, unsere Kinder könnten heute keine Abenteuer mehr erleben. In einem Gespräch mit Kindern einer zweiten Klasse wurde deutlich, wie intensiv sich Abenteuer in den Köpfen der Kinder abspielen. Kinder können überall ihre Abenteuer erleben, auch unter ganz normalen Alltagsbedingungen.

So war eines ihrer Pausenspiele, sich gegenseitig huckepack zu nehmen und dann miteinander zu kämpfen. Dabei stellten sie sich vor, dass sie Ritter seien, die Kämpfe austrugen. Eine Zeitlang hatten sie einen Heidenspaß daran, nach der Schule ihre Schultaschen vor den Bauch statt auf den Rücken zu schnallen, und sich dann gegenseitig anzurempeln. Leider haben es diese Spiele in sich, so dass es manchmal Tränen gibt, weil sich jemand verletzt hat. Meist jedoch nicht ernsthaft, und es wäre fatal, wenn das für uns Erwachsene ein Grund wäre, einzuschreiten und sie den Kindern zu verbieten. Denn dann müssten sie wirklich auf jede Art von Abenteuern verzichten.

Es kommt darauf an, die Welt mit allen Sinnen und nach den eigenen Bedürfnissen zu erleben, das weckt die Phantasie und verhindert eine innere Leere. Auf diese Art entwickeln Kinder durch ihr eigenes Tun ein gesundes Selbstvertrauen und Selbstgefühl – Eckhart Schiffer, ärztlicher Psychotherapeut mit langjähriger Erfahrung in der Therapie von Jugendlichen, geht so weit zu sagen, dass die Abenteuer, wie sie Mark Twains Huckleberry Finn erlebt, seine fehlende emotionale Bindung an einen Menschen kompensieren können. [73]

Wichtig für alle Kinder sind Plätze wie Sandkästen oder Ecken, wo Kinder buddeln, bauen, planen, matschen, Löcher und Seen, Burgen und Wege bauen können, mit Leidenschaft, Inbrunst und Ausdauer. So wie Lars, sieben Jahre, nach Erledigung seiner Hausaufgaben eine Zeit lang mit der Bemerkung „Ich muss jetzt arbeiten!" nach draußen auf ein freies Nachbargrundstück ging, um dort mit Schaufel, Schubkarre und Wasser seine tags zuvor begonnenen Sandlandschaften weiter zu gestalten – ernsthaft in seine Arbeit vertieft, unbeirrt damit beschäftigt, seine Anlagen zu erweitern, enttäuscht, wenn es zu früh dunkel wurde.

---

[73] Eckhart Schiffer: Warum Huckleberry Finn nicht süchtig wurde. 1999

Im Sandkasten wird nicht nur rein praktisch die Feinmotorik erprobt und entwickelt, Lars hat seine inneren Bilder umgesetzt, die er in der Phantasie erschaffen hatte, und konnte sich in spielerischem Ernst eine eigene Welt gestalten und seine Möglichkeiten in der realen Welt damit entdecken.

Sandburgen bauen, Sandkuchen backen, mit Knete arbeiten, Bilder malen und kleben – all diese Formen des konkreten Umgangs mit verschiedenen Materialien laden Kinder ein zum Selbst-Gestalten, zur Entfaltung ihrer Phantasie, zum eigenen Erleben.

Auch Katharina, Lena und Maria liebten es, diese Spiele auszubauen. Als sie zur Schule gingen, in einer besonders intensiven Spielphase, entstand sogar eine handgeschriebene Speisekarte. Im Angebot war täuschend echter dunkler Regenwasser-Kaffee und sie boten den Kindern aus der Nachbarschaft, die sich gerne einladen ließen, die Möglichkeit, unter verschiedenen Sandkuchen auszuwählen. Später wurde daraus für mehrere Samstagnachmittage hintereinander ein echtes Eis-Café, in dem sich auch die Erwachsenen bedienen ließen und dabei entspannt in der Sonne sitzen konnten.

Wie könnte ein Kind besser die Welt kennen lernen, seine Wichtigkeit erleben, sein Selbstbewusstsein in verschiedenen Rollen erproben und auch von anderen in neuer Weise wahrgenommen werden?

Wenn sie Zeit und Raum haben, bringen Kinder ihre eigenen Gedanken und Vorstellungen in Phantasiespielen zum Ausdruck und können dadurch eine Brücke bauen zwischen ihren inneren Wünschen, Ängsten und Bildern, und der realen Welt draußen.

Luise sind die Cowboy- und Indianerspiele in Erinnerung, die so lange andauerten, dass ihr Vater für sie und ihre Brüder einen alten Handwagen zu einem Mini-Planwagen ausbaute, den er dafür mit einem stilechten Rundbogendach versah. Sie liebten diesen Wagen und zogen mit einem halben Dutzend Nachbarskinder über die ungeteerten Wege, die Pfützen waren die Hindernisse der Prärie, zwei Kinder wurden als Pferde angespannt und die Kleinsten durften sich in dem Wagen ziehen lassen.

An Wochenenden und in Ferien, wenn sie wirklich Zeit hatten, spielten die vier Geschwister im verwilderten Garten der Großeltern „Waisenkinder auf der Flucht". Erwachsene kamen bewusst nicht vor. Die „Waisenkinder" mussten alle Schwierigkeiten ihrer „Flucht" alleine bewältigen. Schon die Verkleidung selbst war phantasievoll und aufwendig und half ihnen, in die neuen Rollen einzutauchen. Hindernisse und Widrigkeiten gab es in diesem Leben viele und selbst das aus dem Haus mitgenommene Essen musste einfach sein und wurde unter Bäumen und Büschen eingenommen.

Kinder lieben Verkleidungsspiele. Eine Verkleidungskiste ist leicht zusammenzustellen und kann über Jahre ihre Dienste leisten. Kinder können durch Verkleidung leichter in verschiedene Rollen schlüpfen und sich darin ausprobieren. Die Kraft eines Drachens, die lässige Souveränität eines Räubers, die Abenteuerlust eines Piraten – wer möchte sie nicht gerne selbst spüren? Auch die Prinzessin und der kleine Prinz können sich einmal so richtig in Schale werfen. Etwas Theaterschminke macht den Spaß perfekt.

Zum Spiel gehört besonders bei Jungen auch das Raufen und Kräfte messen. So beobachtete Frau Monte, eine Grundschullehrerin, zwei Jungen aus ihrer Klasse, die während der Pause rauften. Sie war nicht sicher, ob sie einschreiten müsste, denn für sie sah es so aus, als ob es ganz „gut zur Sache ging". Andererseits spürte sie, dass nicht wirklich heftige Aggressionen im Spiel waren. Als die Pause beendet war, kamen beide ausgesprochen gut gelaunt und ausgetobt in die Klasse zurück und waren wieder aufnahme- und lernbereit. Frau Monte war froh, dass sie die Jungen gelassen hatte.

Annette, 52, erzählt, dass ihre beiden Mädels sich früher fast jeden Tag „gekloppt" hätten. Wer Nina und Carla kennt, kann das kaum glauben. Beide waren selbstbewusste, wache Mädchen, hatten viele Freundinnen, kamen in der Schule gut zurecht und verstehen sich heute mit über 20 Jahren gut.

Körperliche Auseinandersetzung ist auch Ausdruck von Interesse aneinander. Unter Kindern gehört es zum Austesten und Festigen von Beziehungen. Es reicht völlig, wenn Eltern darauf achten, dass gewisse Regeln der Fairness eingehalten werden und niemand ernsthaft verletzt wird.

Ausgiebiges Spiel und Spielfreude sind unverzichtbare Quellen der Klugheit. Kinder, die viel spielen oder gespielt haben, sind auf Dauer zufriedener und gesünder. Das selbstvergessene Spiel ist ein Grundbedürfnis, bei dem Kinder die Möglichkeit haben, sich spielerisch mit ihrer Umwelt vertraut zu machen. Sie brauchen nicht motiviert zu werden, sie sind es und sie lernen dabei, Frustrationen auszuhalten und Misserfolgen zum Trotz immer wieder von vorne anzufangen. Dafür braucht es allerdings Zeit und Muße. Kein Kind lernt Gehen ohne hinzufallen. Türme müssen umgestoßen und x-fach neu aufgebaut werden. Scheinbar unmerklich kann das Kind immer komplexere Dinge bauen und so Naturgesetze verstehen lernen. Die treibenden Kräfte dabei sind seine Neugier und Eigenaktivität. Das Spiel erlaubt dem Kind, neue Fertigkeiten zu erproben, Lösungen und Strategien für immer komplexere Probleme zu finden und dabei emotionale Konflikte wie Enttäuschungen und Misserfolge zu bewältigen.

- Wo und wann haben sich bei Ihnen als Kind in Ihrer Phantasie Abenteuer entwickelt?
- An welchen einfachen Dingen entzündet sich die Phantasie Ihres Kindes?

?

Konstruktive Aggression – Goethes Tiegelchen

Auch Veränderungen in den familiären Konstellationen, die Erwartung eines neuen Geschwisterkindes, der Tod von Oma oder Uropa, der Wegzug eines guten Spielkameraden – all das kann im Spiel bearbeitet werden. Eine spannende Kindheitsszene beschreibt Goethe als seine erste Erinnerung. „An einem schönen Nachmittag, da alles ruhig im Hause war, trieb ich [...] mit meinen Schüsseln und Töpfen mein Wesen, und da weiter nichts herauskommen wollte, warf ich ein Geschirr auf die Straße und freute mich, dass es so lustig zerbrach. Die von Ochsenstein, welche sahen, wie ich mich daran ergetzte, dass ich so fröhlich in die Händchen patschte, riefen: ‚Noch mehr!'" Und das tat Goethe. Er schleuderte zuerst seine sämtlichen Schüsselchen, Tiegelchen und Kännchen aufs Pflaster, und als keine mehr übrig waren, warf er das Geschirr seiner Mutter hinterher.

Bruno Bettelheim, US-amerikanischer Psychoanalytiker und Kinderpsychologe, bemerkt dazu: „dass [Goethes] Tun anfangs den inneren Druck nicht beheben konnte, mit dem er sich [...] herumplagte. Erst als er auf die Idee kam, eine irdene Schüssel aufs Pflaster hinunterzuwerfen, bekam sein Spiel einen Sinn." Bettelheim beschreibt es als typisch für Kinder, dass sie „ohne rechtes Ziel" zu spielen beginnen und manchmal nicht wissen „weshalb sie sich gerade mit einem speziellen Gegenstand beschäftigen". Und dennoch zugleich „selbst die einfachsten Gegenstände" dem Kind helfen können, auch „sehr tiefreichende und dringliche Probleme" zu lösen.

Sigmund Freud analysierte diese von Goethe selbst beschriebene Szene so, dass Goethe symbolisch seine neugeborene kleine Schwester – oder zumindest seine eigenen negativen Gefühle – aus dem Hause geworfen habe, indem er sein Geschirr auf die Straße warf. Auch für Bettelheim hat Goethe damit eine Möglichkeit gefunden, seinen Kummer auszuleben und sich dadurch von ihm zu befreien.

Wenn Sie sich die Szene vorstellen, wie der kleine Goethe seine und seiner Mutter Schüsseln aus dem Fenster wirft – wie hätten Sie das wohl gefunden, wenn eines Ihrer Kinder Ihr Geschirr aus dem Fenster geworfen hätte? Und weiter: Wäre die positive Wirkung, die diese befreiende Aktion für Goethe gehabt hatte, dadurch geschmälert worden, wenn sich seine Eltern darüber beschwert hätten? Vielleicht können Sie sich ja an die Szene mit Goethes Geschirr erinnern, wenn Ihre Kinder beim Spielen mal etwas kaputt gemacht haben oder besonders intensiv vertieft sind und nicht gleich auf Ihr Rufen reagieren. In die Welt des Spiels einzutauchen ist für Kinder gleichermaßen überlebenswichtig und heilsam. Bettelheim vermutet, dass es den Menschen zu Goethes Zeiten unbewusst klar war, dass Kinder so „manches loswerden" müssen und dass dies im Spiel am besten möglich ist.

Bettelheim ruft uns auf, „davon aus[zu]gehen, dass ein Kind für alles, was es tut, seine guten Gründe hat." Mit einer solchen Einstellung kann uns leichter fallen, auch scheinbar unsinniges Verhalten unserer Kinder zu verstehen oder es zumindest zu versuchen. Das Spiel beschreibt Bettelheim als eine „Tätigkeit mit symbolischem Inhalt, die Kinder dazu benutzen, Probleme auf unbewusster Ebene zu lösen, die sie in Wirklichkeit nicht lösen können." Es kann also dazu dienen, Spannungen und Aggressionen abzubauen, und hilft dem Kind, sein Gleichgewicht immer wieder zu finden. Erzieherischer Übereifer kann ebenso wie Desinteresse und Vernachlässigung die Spielfreude und Lernlust der Kinder zerstören. Denn „das Spiel muss unbedingt spontan sein und von innen her kommen, sonst geht ein großer Teil seines Wertes verloren."[74]

Ob Kinder im Vorabendprogramm TV-Sendungen, Detektivgeschichten und Krimis sehen oder sich aus anderen Gründen Spannungen und Aggressionen aufbauen, im Spiel haben sie die Möglichkeit, beides wieder abzubauen, damit sie nicht weiter in ihnen schwelen und gären. Solche Spiele, die uns selbst vielleicht befremdlich erscheinen, zu verbieten, ist kontraproduktiv, weil den Kindern dann die Möglichkeit fehlt, ein Ventil für ihre aggressiven Gefühle zu finden. Scheinbar destruktive Spiele können eine sehr konstruktive Wirkung haben. Erst wenn sie ihre negativen Spannungen nicht loswerden können, weil ihre Spiele unterbunden, abgebrochen oder gestört werden, wenn Kinder sich nicht ausspielen dürfen, können daraus längerfristige Frustrationen und Aggressionen gegen sich selbst und gegen ihre Umwelt entstehen.

- Erinnern Sie sich an Situationen, in denen Sie Ihren Ärger loswerden konnten?
- Was tun Sie heute, wenn Sie ärgerlich sind, um wieder ins Lot zu kommen?
- Welche Mechanismen kennen Sie von Ihren Kindern, um Ärger und Frust abzureagieren?

?

[74] Bruno Bettelheim: Ein Leben für Kinder. 2003, S. 221–243, Auszüge

7. Bewegung tut gut

„Zuerst schrie sie [Ronja] auf, doch dann lachte sie vor Freude und schwamm und tauchte so lange, bis die Kälte sie aus dem Wasser trieb. Zitternd und fröstelnd fuhr sie wieder in ihren Lederkittel. Doch das allein half nicht, sie mußte sich warm laufen. Und sie rannte los und huschte wie ein Troll zwischen den Bäumen hindurch und über die Steine hinweg, bis die Kälte aus ihrem Körper vertrieben war und ihre Wangen glühten. Aber auch dann noch lief sie weiter, nur um zu spüren, wie leicht es ging.“[75]

Im Herumtoben und in der Bewegungsfreude von Kindern spüren wir, wie bei Ronja Räubertochter, deren überschäumende Lebenslust. Sie haben von Natur aus immer und überall Freude an jeder Art von Bewegung. Die Freude und die Lust herumzutollen, sich zu bewegen, kann durch keinen Sportverein und keine zusätzliche Sportstunde ausgeglichen werden. Wenn sie allerdings nur ziellos herumrennen, hat das häufig nichts mit Bewegungsfreude zu tun, sondern kann auch ein Zeichen von innerer Unruhe und Anspannung sein.

Trotz eingeschränkter Möglichkeiten, ihrem natürlichen Bewegungsdrang nachzukommen, sind viele Kinder ausgesprochen kreativ und finden auch unter begrenzten Voraussetzungen immer wieder neue Möglichkeiten, ihrer Bewegungsfreude Ausdruck zu verleihen. Treppenstufen herunterspringen, Treppengeländer herunterrutschen, über Bordsteinkanten balancieren, auf Mauern klettern und herunterspringen – Kinder sehen und nutzen alle Möglichkeiten, die ihnen der Alltag bietet. Leider sind jedoch viele Eltern (und Lehrer) in ihrer Verantwortung überaus ängstlich und verbieten den Kindern, auf Mauern zu balancieren, in Bäume zu klettern, aus Sorge, sie könnten sich verletzen. Dabei sind Kinder, die im Klettern und Balancieren sicher sind, auf Dauer wesentlich weniger gefährdet und

[75] Astrid Lindgren: Ronja Räubertochter. 1982, S. 54

ihre Verletzungsgefahr liegt deutlich niedriger. Sie trainieren ihren Gleichgewichtssinn und werden immer geschickter und sicherer.

„Diese Erfahrungen sind von elementarer Bedeutung für die kindliche Entwicklung, denn sie liefern die Basis für grundlegende Wahrnehmungserfahrungen, für das Erkennen von Gesetzmäßigkeiten der Dinge und Objekte, die sie umgeben, sie stellen die Grundlage des Lernens dar.“ [76] Außerdem stellt Renate Zimmer, Professorin für Sportpädagogik an der Universität Osnabrück, fest, dass Kinder, die sich sicher bewegen, die sich selbst etwas zutrauen und deren Eltern ihnen etwas zutrauen, auch in anderen Bereichen mutiger sind und insgesamt mehr Selbstvertrauen haben. Bewegung und körperliche Anstrengung wirken sich positiv auf das Lebensgefühl aus und machen widerstandsfähiger gegen jede Art von Krankheiten.

Schon wenn kleine Kinder rollen, robben, krabbeln und Laufen lernen, können wir beobachten, wie unermüdlich sie sich bewegen, wie sie immer wieder neue Versuche machen, wenn es nicht gleich klappt. Dabei brauchen sie niemanden, der sie ermutigt, ihre innere Motivation ist groß genug. Wichtig ist dafür nur, dass sie ihre wache Zeit möglichst wenig in Sitzschalen, so genannten Babysafes, verbringen, die ihre Bewegungsmöglichkeiten einschränken. Sie können sich nicht drehen, nicht rollen, ihr Blickfeld ist stark eingeschränkt und dadurch, dass sie keinen Bodenkontakt haben, kann sich weder der Gleichgewichtssinn, noch können sich die anderen Sinne entsprechend entwickeln. Das kann schon früh zu ernsthaften Folgen sowohl für die körperliche als auch für die geistige und emotionale Entwicklung führen. Jede neue Bewegungsphase bewirkt weitere Verknüpfungen der beiden Gehirnhälften, durch die neue Nervenbahnen entstehen. Das wiederum befähigt später zu komplizierten Gedankengängen. Kleinkinder bewegen sich intuitiv viel und mit dem ganzen Körper und aktivieren dadurch das ganze Gehirn.

- Wie gerne haben Sie sich als Kind bewegt?
- Wie geht es Ihnen heute, wenn Sie sich bewegt oder körperlich angestrengt haben?

---

76 Renate Zimmer: Toben macht schlau! Bewegung statt Verkopfung. Herder. Freiburg im Breisgau 2004, S. 12–15

- Haben Sie schon einmal bei Ihrem Kind beobachtet, wie viel Lebensfreude es beim Rennen, Klettern, Toben zeigt?
- Welche Bewegungsmöglichkeiten nutzt Ihr Kind? Wo können Sie Ihrem Kind mehr erlauben?
- Wie reagiert Ihr Kind, wenn es sich nicht ausreichend bewegt?

?

Bewegung und Konzentration

Bewegung und Entspannung, aktiv sein und zur Ruhe kommen sind eng miteinander verknüpft. Die Zweitklässlerin Sophie hat das so ausgedrückt: „Ich lese am liebsten mit meiner Freundin Amelie. Dann liege ich im Bett und bin so richtig vertieft in mein Buch, das ich lese. Abends bin ich immer ausgetobt und kann mich dann richtig gut konzentrieren." Auch Sophie bemerkt, wie Bewegung ihre Konzentrationsfähigkeit unterstützt.

Eine Grundschule in Hessen hat deshalb schon in den 90er Jahren die tägliche Sportstunde für alle Schüler zur Pflicht gemacht – auf Kosten anderer Fächer und unter anfänglichem Protest vieler Lehrer. Die Ergebnisse des wissenschaftlich begleiteten Projekts verblüfften das Kollegium: Raufereien auf dem Schulhof ließen nach, Unfälle und Verletzungen gingen deutlich zurück, Übergewichtige nahmen ab, die Konzentration der Kinder im Unterricht wurde besser – und etwa 15 Prozent mehr Schüler bekamen Empfehlungen fürs Gymnasium.[77]

Vielleicht helfen solche Erkenntnisse, den Sportunterricht aus seinem Nischendasein hervorzuholen. Immer wieder wird in der Schule die Erfahrung gemacht, wie wenig normaler Unterricht nach einer Klassenarbeit möglich ist, da die Unruhe in der Klasse oftmals so groß ist. Schon nach einer kurzen Pause, in der sich alle bewegt haben, kann wieder anders gelernt werden.

Nelson Mandela war fast 20 Jahre in einer sehr kleinen Zelle auf Robben Island (Südafrika) inhaftiert. Er machte dort jeden Morgen, bevor er mit seinen Mitgefangenen zur Arbeit im Steinbruch ge-

---

[77] Die Zeit, 15/2002

führt wurde, zunächst seine Körperübungen: Laufen auf der Stelle und Liegestützen. Auch wenn er am Ende seines Lebens nicht mehr öffentlich auftrat, war er mit über 90 Jahren nicht nur geistig immer noch beweglich. [78]

Renate Zimmer betont, dass Bewegung keine Frage des Wohnortes oder der Finanzen ist: „Ein Besuch in einem Freizeitpark zum Beispiel ist teuer, hat aber nichts mit selbstgesteuerter Bewegung zu tun. Es bedarf auch keiner Fitness- und Trainingsprogramme, Erwachsene müssen vielmehr den *Wert der Bewegung* wieder erkennen und die Notwendigkeit, sie ihren Kindern *im Alltag* zu ermöglichen." So können sich Kinder in ihren Zimmern mit Decken, Kissen oder Schaumstoffteilen kleine Bewegungslandschaften bauen, in denen sie springen, rutschen, klettern oder sich verstecken können. Lassen wir Erlebnisse der Umgebung überall da zu, wo sie möglich sind. Oft reicht es, im Wald nur wenige Meter vom Weg abzuweichen, Kinder können über Pfützen springen und dabei sehen, wie sich die Bäume, Sträucher oder Wolken am Himmel darin spiegeln, über Bäume und Wurzeln klettern oder auf einer Wiese unter oder zwischen Zäunen hindurchklettern. Im Wald, auf Feld und Wiesen sind die Böden uneben und der Körper muss mit jedem Schritt immer wieder das Gleichgewicht ausbalancieren. An solchen unterschiedlichen und direkten Herausforderungen werden körperliche Fähigkeiten entwickelt. Diese unmittelbaren Erfahrungen sind es, die Freude an der Bewegung bringen. Manchmal sind auch Schuhe unnötig und beim Barfußlaufen auf einer Wiese, im Garten oder am Strand regt der konkrete, sinnlich wahrnehmbare Kontakt mit der Erde Mengen an Nervenzellen an. Je mehr Anregungen und direkte Reize gegeben sind, desto mehr komplexe Verbindungen und Synapsenbildungen zwischen den Nervenzellen können entstehen.

Und: Wer sich bewegt, ist auch eher bewegt, lässt sich berühren. Das fördert das Gespür für sich, für andere und für seine Umgebung. In Be-weg-ung steckt das Wort Weg. Wer sich bewegt, ist auf dem Weg, steht nicht still, macht andere und neue Erfahrungen, sieht mehr. Wenn die Gedanken am Schreibtisch stocken, sind die Chancen gut, nach einem Gang durch den Wald neue, zündende Ideen zu bekommen. „Waldbaden" nennt man einen solchen Spaziergang

---

[78] Nelson Mandela: Long walk to freedom, Abacus. London 2000

durch den Wald heute – und es gibt medizinische Untersuchungen über die positiven Wirkungen. Nicht nur der Liedermacher Reinhard Mey spricht Ideen für seine Liedtexte beim Joggen auf ein Diktiergerät.

Bewegung unterstützt ganz konkret den Prozess des Lernens. Lea machte in der zweiten Klasse erst da große Fortschritte beim Lesen, als sie es schaffte, die liegende Acht tatsächlich mit den Händen in die Luft zu zeichnen. Die Überkreuz-Bewegung bei der liegenden Acht unterstützte ganz offensichtlich bei Lea den Prozess des Lesenlernens. Einen weiteren Zusammenhang gibt es nach Forschungsergebnissen auch beim Rechnen. So haben Kinder, die nicht rückwärts laufen können, größere Probleme, Minus-Aufgaben zu rechnen.

- Wann kommen Ihnen die besten Ideen?
- Was braucht Ihr Kind, um sich gut konzentrieren zu können?

?

Zu Fuß zur Schule

Weltweit findet in jedem Jahr am 22. September ein internationaler „Zu Fuß zur Schule"-Tag statt. Seit 2007 richten der Verkehrsclub Deutschland und das Deutsche Kinderhilfswerk diese Aktionstage gemeinsam aus. Auch die Ludwigschule in Ibbenbüren nimmt seit mehreren Jahren an dieser Aktion teil. Sie will damit ein Zeichen setzen, da viele Eltern ihre Kinder aus unterschiedlichen Gründen mit dem Auto zur Schule fahren. Die Lehrerinnen wollen Kindern und Eltern bewusst machen, welche großen Vorteile in einem Fußweg für Kinder liegen. Die Eltern unterstützen die Aktion und viele beteiligten sich auch, indem sie ihre Kinder zu Fuß begleiten. Einige Lehrerinnen, die eine weite Autofahrt haben, stellen ihr Auto an der Schule ab und holen die Kinder zu Fuß ab. So wird daraus ein Erlebnis, das die Gemeinschaft fördert. Die Kinder waren danach nicht nur im Unterricht wacher, konzentrierter und aufnahmefähiger, sie haben auch neue Gruppen gebildet, um miteinander zur Schule zu kommen.

Im Unterricht schrieben die Kinder zusätzlich Bewegungstagebücher, brachten einen „Schulweg-Gegenstand" oder eine „Schulweg-Erinnerung" mit und schrieben dazu Geschichten. Auf einem Stadtplan wurden die Schulwege der Kinder aller Klassen mit Pinnadeln in verschiedenen Farben gekennzeichnet. Einem Jungen, der auch zuvor schon zu Fuß zur Schule gekommen war, fiel auf: „Ich habe Dinge gesehen, die ich vorher nicht gesehen habe!"

Auf der Website, auf der die Aktion vorgestellt wird, heißt es:

„Sich bewegen, draußen herumtollen, rennen, skaten, Fahrrad fahren, spielen – all das macht Spaß und tut gut. Aber trotzdem bewegen sich Kinder immer weniger. Vor 30 Jahren waren Kinder täglich 4 Stunden draußen, heute ist es nur noch 1 Stunde. Im Durchschnitt bewegen sich Kinder heute bloß noch 30 Minuten am Tag, sitzen aber 9 Stunden!

Viele Eltern haben Angst, dass euch auf dem Weg zur Schule etwas passieren könnte und bringen euch deshalb mit dem Auto hin. Dadurch entsteht vor den Schulen morgens und mittags bzw. nachmittags viel Verkehr. Vielleicht könnt ihr eure Eltern überzeugen, dass ihr zu Fuß gehen oder mit dem Rad zur Schule fahren dürft. Dabei hilft es oft schon, wenn ihr die Wege vorher gemeinsam übt und eure Eltern z.B. wissen, dass ihr zu zweit unterwegs seid.“ [79]

Anfang der 70er Jahre kamen 80 Prozent der Schulkinder alleine zum Unterricht. Heute sind es noch knapp 10 Prozent der Sieben- bis Achtjährigen. Der überwiegende Teil wird vom Elterntaxi kutschiert oder fährt mit dem Bus. [80]

- Welche Erinnerung haben Sie an die Wege, die Sie zu Fuß oder mit dem Fahrrad zurückgelegt haben?
- Welche Wege kann Ihr Kind statt mit dem Auto auch zu Fuß machen?

Sport stärkt das Gemeinschaftsgefühl

Timo und Arne brauchten für ihr Fußballspiel keinen Verein. In ihrer Siedlung wohnten so viele fußballbegeisterte Kinder, dass es kein Problem war, nachmittags in kurzer Zeit zwei Mannschaften zustande zu bringen. Hier spielten dann die Fünfjährigen mit den 18-Jährigen und manchmal spielten auch noch Väter mit. Natürlich wurde auf die Kleinen Rücksicht genommen. Timo und Arne meinen rückblickend: „Wir erinnern uns so gerne an diese Nachmittage. Jeder war nach seinen Möglichkeiten dabei und jeder war wichtig.“

Zwischendurch kam zu der Fußballbegeisterung die Freude am Rollhockey. Eine Sackgasse bot sich als Spielfeld an. Als Arne und Timo die Teilnahme an einem Hockey-Turnier organisierten, erreichten die inzwischen überwiegend Jugendlichen den zweiten Platz, ganz ohne Trainer, wie ihn alle anderen Mannschaften hatten. Wahrscheinlich hatte keine der anderen Mannschaften mehr trainiert als die begeisterte Siedlungsgruppe.

Kinder, die einen Mannschaftssport ausüben, zum Beispiel Fußball, Handball oder Basketball, genießen die Gruppe Gleichaltriger, mit denen sie gemeinsam für einen Sieg kämpfen, gemeinsam gewinnen

---

[79] www.zu-fuss-zur-schule.de/darum-geht-es, 28.7.2013

[80] Der Spiegel – Wissen 3/2011, S. 128

oder gemeinsam verlieren. An die Teilnahme am Training (Disziplin ...) muss keine Mutter erinnern, denn wer nicht zum Training kommt, darf beim nächsten Spiel möglicherweise nicht mitspielen und muss auf der Bank sitzen.

- Haben Sie als Kind Spielgefährten in Ihrer unmittelbaren Umgebung gehabt?
- Welche Erinnerungen verbinden Sie damit?
- Mit wem verabredet sich Ihr Kind nachmittags?
- Übt Ihr Kind mit anderen zusammen eine Sportart aus? Wie wichtig ist das für Ihr Kind?

Spaß am Tun – Lernen? Lernen! – Lernen

Wald und Wiesen bieten Kindern die besten Bewegungslandschaften. Dort können sie ohne zusätzlichen pädagogischen Aufwand ein Gefühl der Geborgenheit, des Aufgehoben-seins entwickeln. Wie wichtig ein solches Flow-Gefühl ist, untersuchte Michael Mendizza, ein kalifornischer Filmemacher und Bildungsforscher.[81] Er realisierte ein Filmprojekt, um herauszufinden, wie Spitzensportler zu ihren Höchstleistungen kommen. Seine Fragestellung: Warum gibt es bei gleichen Voraussetzungen und gleichem Training so große Leistungsunterschiede? Es liegt nicht nur am Talent. Übereinstimmend fand er Folgendes: Ein wirklich guter Spieler spielt, weil es ihm Spaß macht. Denn es kostet ja z.B. kaum Energie, den Golfball zu schlagen. In dem Moment aber, wo ich daran denke, wie gut ich sein muss oder wie ich mich einem Beobachter gegenüber darstelle, bricht dieses spezifische Aufmerksamkeitsfeld zusammen. Ich kann zwar auch mit viel Übung und Druck ein guter Spieler werden, aber Spitzenleistungen werden nur im Zustand des absoluten Flow erreicht. Übereinstimmend ist auch, dass diese Spitzensportler Eltern hatten, die sie weder zu Übungen zwangen, noch nach einem Spiel als erstes fragten: „Wie viele Tore hast du denn heute geschossen?“ Sie interessierten sich dafür, ob es Spaß gemacht hat, aber nicht unter dem

[81] Michael Mendizza, in: Hartkemeyer, Johannes F. und Martina: Die Kunst des Dialogs. 2005, S. 93–94

Leistungsaspekt, und genau das führte interessanterweise zu Spitzenleistungen.

Ist es beim Lernen ähnlich wie beim Sport? Viele Lernforscher sind der Ansicht, dass wir unsere potenzielle Intelligenz nicht einmal annähernd ausnutzen. Vielleicht sind wir uns ja einig, dass es weltweit noch zahlreiche Herausforderungen zu lösen gilt ... Dazu wäre es schon hilfreich, wenn wir unsere Köpfe vielleicht nicht vollkommen, doch zumindest etwas besser nutzen könnten.

Sollte Lernen denn immer ergebnisorientiert sein? Oder ist Lernen nicht zunächst um seiner selbst willen da? Ohne etwas mit Ergebnissen und auch mit „Wissen“ zu tun zu haben? Der Bildungsforscher Mendizza beschreibt es als einen Zustand absoluter Neugier, als einen intensiven Wunsch zu sehen, „was passiert jetzt“, ohne etwas gleich zu bewerten. Dann kann es ein Zustand der Offenheit sein, in dem alles möglich ist, ohne Angst vor Bewertung oder vor Fehlern. Wir erleben diesen Zustand manchmal bei Kindern, die völlig in das Spiel versunken sind. Das ändert sich sofort, wenn sie sich beobachtet fühlen oder meinen, etwas vorführen zu müssen. Denn damit beginnt das Übel unseres Systems. Eltern und Erziehende meinen, den Kindern zeigen zu müssen, wie es „richtig“ geht. Kinder aber brauchen ungestörten Raum, eigene Erfahrungen machen zu können.

- Was haben Sie als Kind leidenschaftlich gerne getan?
- Was wollten Sie – alleine oder mit Freunden – unbedingt lernen?
- Und wie haben Sie es geschafft, diesen Wunsch in die Tat umzusetzen?
- Was ist Ihrem Kind wirklich wichtig?
- Wofür engagiert es sich nach Kräften?

8. Lernen in der Lebensschule

Friedmut kommt aus dem Kindergarten wieder. Er sieht sogleich, dass an dem neuen Gewächshaus gearbeitet wurde. Es ist fast fertig. Entschlossen wendet er sich an seinen Vater: „Du sollst aber nicht alles fertig machen! Wenn ich groß bin, will ich auch noch was arbeiten!“

Kinder wollen etwas lernen und auch etwas beitragen. Sie wollen nachmachen, was sie bei Erwachsenen gesehen haben, mitmachen bei den Arbeiten der Großen, da, wo es lebendig ist, wo Menschen tätig sind, etwas herstellen, reparieren, fertig machen. Insbesondere kleine Kinder arbeiten gerne, möchten ihre Ideen und Träume umsetzen, im Sandkasten, auf der Wiese, im Wald, auf dem Spielplatz – wo immer Raum dafür ist. Es ist Sache der Erwachsenen, ihnen diese Räume zur Verfügung zu stellen.

Und an vielen Stellen sind derartige Orte inzwischen Wirklichkeit geworden. Die Sinn-Stiftung mit ihrem engagierten Gründer und Vorstand Christian Rauschenfels ist zu einem Kristallisationspunkt für Initiativen geworden, die sich als LebensLernOrte verstehen und Raum für Begegnung vielfältiger Art bieten. [82]

Dem Kind eine vollständige Umgebung bieten

Die zugrunde liegenden Überlegungen sind nicht neu: Der jung verstorbene Dichter Friedrich von Hardenberg, bekannt geworden unter dem selbst gewählten Pseudonym Novalis, entwarf bereits vor zwei Jahrhunderten ein bis heute aktuelles, modernes Menschenbild und Erziehungs- oder vielmehr Begleitkonzept: „Erziehung von Kindern, wie *Bildung eines Lehrlings – nicht durch directe Erziehung – sondern durch allmäliches Theilnehmen lassen an Beschäftigungen etc. der Erwachsenen.*“

---

[82] www.sinn-stiftung.eu, 28.7.2013

Novalis, 1772 geboren als Georg Philipp Friedrich Freiherr von Hardenberg auf Schloss Oberwiederstedt, war früh befreundet mit Goethe und Schiller. Viele Texte und Gedichte dieses Schriftstellers der Frühromantik werden noch heute zitiert. Novalis war Philosoph, Jurist und Bergbauingenieur. Er verstarb 1801 schon früh an Tuberkulose .

Dieses grundsätzliche Einbeziehen der Kinder in die Lebenswelt der Erwachsenen, das Teilnehmen lassen an Erfahrungen und Erlebnissen ist bis heute Kernidee vieler reformpädagogischer Ansätze.

Der große Vordenker Goethe prägte in seiner „Pädagogischen Provinz" den Begriff der „vollständigen Umgebung", die einem Kind in Kontakt zu seiner Umgebung und in Beziehung zu den ihm zugewandten Menschen Entwicklung ermöglichen kann. Die Pädagogische Provinz wird in Goethes „Wilhelm Meisters Wanderjahre" als ein Gebiet beschrieben, in dem Kinder auf besondere Weise unterrichtet, als Persönlichkeiten und Menschen respektiert und mit Achtung behandelt werden. „Pädagogische Provinz" ist zum Synonym für Goethes Bildungsideal geworden.

Damals waren diese Gedanken revolutionär, weil überwiegend klaglos akzeptierter Untertanengeist preußischer Militärs an den Schulen herrschte und bis heute die Bedeutung des Wortes „unterrichten" auf den deutlichen Unterschied zwischen oben und unten deutet.

Den Worten auf der Spur

„Lehren", „lernen" und „leisten" entstammen einer gemeinsamen Wurzel: dem germanischen „laisti", übersetzt: Fußspur. Die Rolle eines Lehrenden besteht nach diesem Verständnis nicht darin, jemandem etwas beizubringen, sondern sie entfaltet sich dadurch, dass man gemeinsam einer (interessanten) „Fährte nachspürt". Insofern ist eine Lehrende eine Gefährtin oder Begleiterin auf dem Lernweg. [83]

Interessant ist auch das chinesische Zeichen für das Wort „lernen": Das erste Doppelzeichen links bedeutet „lernen" im engeren Sinn. Es setzt sich aus dem oberen Zeichen „Wissen ansammeln" und

[83] Duden: Herkunftswörterbuch 1963, S. 482

dem Zeichen für ein „Kind auf der Schwelle einer Tür" zusammen. Es kann den Eintritt in eine „neue Erkenntnis", eine neue Lebenssituation bedeuten oder auch bloß Neugierde. Der zweite Zeichenkomplex meint „kontinuierlich üben" und zeigt oben einen Vogel, der die Fähigkeit entwickelt, sein Nest zu verlassen, und unten ein sich öffnendes Ei, das Symbol für „Jugend" oder „Entwicklung". Lernen heißt nach diesem Verständnis, seinen eigenen Lebensweg und die Wissensaneignung durch Neugier, Üben und permanente Entwicklung zu suchen.[84]

Können wir uns rückbesinnen auf die Impulse früher fortschrittlicher Denker und zugleich über die engen Grenzen der konventionellen Schulbürokratie hinausdenken? An vielen Orten geschieht das bereits. Einstmals zaghafte Impulse sind in den letzten Jahren zu festen Bestandteilen einer neuen Pädagogik-Landschaft gewachsen.

Unverbaute Natur bietet eine besonders vielfältige, vielleicht gar vollständige Umgebung. Fast 50 Jahre ist es her, dass in Deutschland ein erster Waldkindergarten gegründet wurde. Waldkindergärten legen ihren Schwerpunkt auf die Erfahrungen in der Natur, wo Kinder den Wechsel der Jahreszeiten, des Wetters, der Pflanzenwelt hautnah erleben und ihre Bewegungsimpulse ungestört umsetzen können. Mitte der 70er Jahre, als Christian Rauschenfels, Gründer der Sinn-Stiftung (siehe Seite 155), mit seinen Freunden im ersten neu gegründeten Waldkindergarten das Leben im Wald erforschte, war diese Möglichkeit noch einzigartig.

[84] Peter M. Senge, et al: Das Fieldbook zur Fünften Disziplin. Klett-Cotta. Stuttgart, 4. Aufl. 2000, S. 56

Heute schießen diese naturnahen Spielräume wie Pilze aus dem Boden, über 1000 gibt es seit Anfang des neuen Jahrtausends in Deutschland; Österreich und die Schweiz ziehen nach. Strapazierfähige Lederhosen sind dort besonders gefragt, vertraute uns die Herstellerin von Lederbekleidung auf dem Lübecker Weihnachtsmarkt an, denn draußen braucht es robuste Materialien. Mädchen mit feinen Rüschenkleidern haben kaum Chancen, einen guten Platz auf dem Kletterbaum zu ergattern. Wir können leicht nachvollziehen, dass Kinder mit ausgeprägter Naturerfahrung motorisch sicherer werden, eine überdurchschnittlich gute Grob- und Feinmotorik entwickeln können, in ihrer Sensibilität und Wahrnehmungsfähigkeit ständig gefordert und durch diese lebendige Lebensumwelt in besonderer Weise vorbereitet sind auf das Lernen generell.

Der Gründer der Sinn-Stiftung erinnert sich dabei sehr wohl, wie schwer ihm das Stillsitzen in der Schule fiel, als seine freie Walderkundungszeit zu Ende ging. So mag es für manche jüngeren Kinder eine Brücke zur anschließenden Schulzeit sein, wenn sie Gelegenheit für stille Beschäftigung an Tischen und in geschützten Räumen schon vorher hin und wieder kennen lernen können.

Lernen durch Beteiligung – Hofkindergärten, „Aktiv-Höfe" etc.

Orte, an denen beides – Naturverbundenheit im Jahreszeiten-Rhythmus und freies Spiel in vorbereiteten Räumen – erlebbar wird, sind durch die Hofkindergärten entstanden. Zusätzlich können Kinder dort sichtbar und greifbar Erwachsene bei ihren Alltags-Tätigkeiten erleben. Es werden Räume zum Nachahmen, Begleiten und Ausprobieren geboten, die einladen zum Lernen durch Beteiligung und Miterleben. Die Zubereitung der Nahrung für Mensch und Tier, das Füttern und Pflegen der Tiere, das Säen und Ernten der Pflanzen auf dem Feld, Reparaturen verschiedenster Art bei großen und kleinen Maschinen, Holz holen aus dem Wald, – all diese grundlegenden Tätigkeiten werden dort für Kinder nachvollziehbar. Wenn die Erwachsenen wiederum Zeit für die Begleitung und Anleitung der Kinder haben und ihre Teilnahme ermöglichen, findet Lernen in der denkbar besten Form, nämlich im alltäglichen Tun statt. Dann werden die Höfe zu Lern-Orten, ja zu LebensLernOrten, an denen auch Erwachsene ihre eigenen Potenziale entdecken und entfalten können.

Reines Wunschdenken? Die Sinn-Stiftung koordiniert bereits ein Netzwerk real existierender und tätiger Aktiv-Höfe – quer durch Deutschland bis hin nach Österreich und in die Schweiz – immer „auf der Suche nach dem Geheimnis des Gelingens". Diese LebensLernOrte [85] bieten zum einen Erfahrungsräume für praktisches Lernen und Teilnahme an der sichtbaren, realen Entwicklung anderer Lebewesen – Pflanzen und Tiere, ja vielleicht auch anderer Menschen. Außerdem bieten sie die Möglichkeit, sich gemeinsam mit anderen aktiv einzubringen, – bei der täglichen Arbeit, der Versorgung von Tieren, dem Ernten von Gemüse, der Instandhaltung von Gebäuden oder in besonderen Projekten – und dadurch das Gefühl der Verbundenheit mit der Natur und mit anderen Menschen zu erleben. Der Begriff „Nachhaltigkeit" wird hier doppelt lebendig: zum einen in der Begegnung mit der Natur, den anvertrauten Pflanzen

85 www.lebenslernorte.de, 28.7.2013

und Tieren, als konkrete Verantwortung für die Schöpfung, zum anderen in der Gemeinschaft, wo die Beziehung zu den beteiligten Menschen erlebt wird.

In ihrer Unterschiedlichkeit verbindet die teilnehmenden Höfe der gemeinsame Wunsch, Frei-Räume für eine enkeltaugliche – also zukunftsfähige – Entwicklung zu schaffen und nicht nur Kindern zu helfen, den eigenen LebensLernWeg (wieder-) zu finden. Die beteiligten Aktiv-Höfe bieten Kindern und Jugendlichen naturnahen Frei-Raum und soziales Miteinander. „Jedem Kind ein Aktiv-Hof", das wäre eine optimale Perspektive von Christian Rauschenfels, um Kindern grundlegende Erfahrungen zugänglich zu machen. Es ist wesentlicher Teil seiner Vision, dass zukünftig Aktiv-Höfe Partnerorte für Schulen sind, oder auch Kindergärten und Grundschulen Raum für eigene Aktivitäten bieten und darüber hinaus Lebens- und Betätigungsraum für Senioren sind.

Aktiv-Höfe sind landwirtschaftliche Betriebe, die mit ihrem Tages- und Jahresrhythmus, den notwendigen Arbeiten und der sozialen Gemeinschaft ideale Rahmenbedingungen ermöglichen, neben Natur-, Körper- und Entschleunigungs-Erfahrungen insbesondere Selbstwirksamkeit erfahrbar zu machen. Gemeinsam mit anderen – Kindern und Erwachsenen – erleben sich die Kinder als wesentlichen, aktiven Teil des Ganzen.

Der Rhythmus der Natur gibt die landwirtschaftlichen und gärtnerischen Aktivitäten vor und die Arbeit mit Tieren orientiert sich an deren natürlichen Zeitabläufen. Die Menschen haben gleichzeitig ein fast unbegrenztes Feld an Möglichkeiten, sich entsprechend ihren Wünschen und Fähigkeiten zu beteiligen. Die Tätigkeiten richten sich wirtschaftlich, ökologisch und sozial an den Bedürfnissen der Menschen aus – in ganz unterschiedlicher Weise, die der Verschiedenheit der jeweiligen Orte entspricht. Gerade in einer Zeit, in der die virtuelle Kommunikation so viel Zeit im Leben vieler Menschen besetzt, braucht es interessante lebendige Räume für konkrete Begegnung, die zwischen Generationen, Kulturen und über ideologische Grenzen hinweg stattfindet. Orte, an denen kein festes Konzept den Rahmen dessen, was dort an Aktivitäten gestattet ist, vorgibt. Orte, an denen sich alternative und staatliche Kitas und Schulen, Erziehende und Lehrende treffen können – zum Beispiel in ihrer Eigenschaft als Verbraucher und Genießer gesunder Lebensmittel – Orte, an denen die Kommunikation den Blick weitet für die bereichernde Vielfalt, die durch Beteiligung der regional Ansässigen Neues ermöglicht.

Landwirtschaftliche Betriebe, die sich darauf einstellen wollen, brauchen und bieten in der Regel eine große Vielfalt als Voraussetzung für das Lernen im Leben. Viele kleine und mittelgroße Betriebe – oftmals biologisch wirtschaftend – suchen nach einem zusätzlichen Standbein und Partnern aus dem Umfeld. Wer weiß, wie schnell die Hofkindergärten der rasanten Vermehrung der Waldkindergärten folgen? Noch gibt es genügend landwirtschaftliche Betriebe, obwohl täglich 30 bis 40 aufgeben. Verfolgen Sie selbst, was in Ihrem Umfeld an Initiativen entsteht. Das Internet bietet die Möglichkeit, Erfahrungen und Anregungen auszutauschen.[86]

Über Potenzialentfaltung, Nachhaltigkeit und Inklusion wird viel geredet. In dem Netzwerk LebensLernOrte wird diese Haltung in unterschiedlichster Weise gelebt, erfahrbar und dadurch ein Stück Zukunft in die Gegenwart geholt.

> Jeder Einzelne kann etwas verändern.
> Wir können jeden Tag aufs Neue entscheiden,
> welchen Einfluss wir auf diese Welt ausüben möchten.
>
> Jane Goodall[87]

… und „basic schools"

Der international gefragte Pädagoge Peter Guttenhöfer, der lange Jahre in der Lehrerausbildung in Kassel tätig war, engagiert sich nicht erst seit seiner Pensionierung für die „Rettung der Kindheit". Von Namibia bis São Paulo betreut er Initiativen zur Gründung von

---

[86] Unter dem Stichwort „Hofkindergarten" finden sich im Internet viele bereits tätige Gruppen.

[87] Jane Goodall in: www.lebenslernorte.de/uber-lebenslernorte, 28.7.2013

„basic schools", an denen Kinder in Gemeinschaft mit Erwachsenen tätig sein können. Verschiedenste Tätigkeiten können sie zunächst nach*ahmend*, dann nach*machend* spielerisch einüben, ohne eine Regelschule zu besuchen. Stattdessen lernen sie in einer Umgebung, in der erwachsene Menschen gärtnerisch, handwerklich, landwirtschaftlich – in jedem Fall sichtbar und dem Kind verständlich – tätig sind. So wird es Kindern ermöglicht, teilzuhaben und mit-zu-tun, sich zu beteiligen und selbst wirksam zu werden. Diese nicht-schulischen Lernorte entstehen in kleinem Rahmen – small is beautiful – unter verschiedensten Bedingungen, da Finanzierung, Organisation und Verwaltung überschaubar bleiben sollen. Das zugrundeliegende Konzept entspricht dem der Aktiv-Höfe und LebensLernOrte.

Beide Ansätze wünschen sich, dass mehr und mehr Kinder in der Schule des Lebens lernen können, an Orten der Potenzialentfaltung, deren Vision Christian Rauschenfels im Gespräch enthusiastisch charakterisiert: „Kindern soll ihrer Natur entsprechend ermöglicht werden, dass sie beim entdeckenden Lernen in lebensnahen Erfahrungsräumen glücklich sind. Das Netzwerk LebensLernOrte möchte Schulen und Kindergärten einladen, sich bei ihnen anzusiedeln. Freies Spiel und selbstbestimmtes Lernen sowie Selbstwirksamkeitserfahrungen in einem gemeinschaftlichen Alltag mit bedeutungsvollen Aufgaben erinnert an Bullerbü. Und nicht ohne Grund haben die Geschichten von Astrid Lindgren stets das intuitive Wissen angesprochen, dass Bullerbü ein idealer Lernort ist. Mehr und mehr sollen LebensLernOrte Heimat für Schulen werden, damit sich herumspricht, dass Schulen LebensLernOrte sein können und sollten. Wenn wir uns in Deutschland zu der Gesetzgebung fast aller anderen europäischen Länder durchringen könnten und statt der Schulanwesenheitspflicht zu einer Bildungspflicht durchringen könnten, wäre die Schaffung sinnvoller Lernumgebungen möglich." [88]

Teich, Wiese, Wald und Bach erkunden

Von solchen und ähnlichen Projekten können auch Regelkindergärten und Regelgrundschulen profitieren. Natürlich fühlen sich Kin-

[88] Christian Rauschenfels in einem persönlichen Gespräch am 5.9.2013

der auch dort aufgehoben und angenommen und genießen das gemeinsame Lernen, wenn sie Menschen treffen, die sie liebevoll und aufmerksam begleiten. In vielen Regel-Kitas und Grundschulen gibt es Tage, an denen Handwerker im Ort besucht werden, ein Frühstück mit Bewohnern des Altenheims stattfindet, eigene Wege gefunden werden, um den Kontakt zum alltäglichen und praktischen Leben mit anderen Menschen und Lebensbereichen herzustellen. So erleben Kinder Tätigkeiten von Erwachsenen – den Kontakt zum ganz normalen Leben der Erwachsenen, an dem sie immer wieder teilhaben wollen.

Kinder lernen nicht nur vom Lehrer, sondern auch von Gleichaltrigen. Kooperative Lernformen ermöglichen ihnen früh, Eigenverantwortung zu übernehmen, selbstständig zu werden und andere Kinder mit einzubeziehen. Projekte wie die Erforschung von Teich, Wiese, Wald und Bach führen sie zu einem bewussteren Umgang mit der Natur.

Auch in Städten lassen sich Aktiv-Orte finden, an denen Kinder lebendige, reale, einladende Lernerfahrungen machen können, seien es kleine Läden oder Geschäfte, Stadtteil-Cafés, Handwerksbetriebe. Es hat sich im Kindergarten und Grundschulbereich in den letzten Jahren viel verändert und verändert sich weiterhin. Das macht Hoffnung!

Die Initiative „Archiv der Zukunft“ [89] des engagierten Journalisten Reinhard Kahl hat beispielsweise viele weiterdenkende Pädagoginnen und Pädagogen zusammengeführt. Es entstand nach der überwältigend positiven Resonanz auf seine DVD „Treibhäuser der Zukunft“ als ein Netzwerk, das alle Vorteile virtueller Kommunikation nutzt. Beispiele von „best practice“ werden vorgestellt und multipliziert. Es ist zu hoffen, dass derartige Impulse viele Nachahmer finden und ihren Weg in die Hochschulen antreten.

Einen Masterstudiengang zum „Potentialentfaltungscoach“ hat die Initiative „Schule im Aufbruch“ mit Gerald Hüther vorbereitet, der im Herbst 2013 beginnen soll. [90]

---

89 www.archiv-der-Zukunft.de, 28.7.2013

90 TAZ, 5.9.2012, S. 18: „In sechs Jahren ist das alte Schulsystem tot!“

Auf eigenen Beinen stehen

Das Selbständig-werden von Kindern muss keine Herausforderung sein. Je genauer wir hinschauen, desto deutlicher erkennen wir, dass Selbständigkeit nicht erst in der Pubertät trotzig errungen wird, sondern ein Prozess ist, der bereits bei ganz kleinen Kindern beginnt und die gesamte Kinderzeit begleitet. Je früher ein Kind Entscheidungen, die ihm übertragen werden, selbst treffen darf und selbst Verantwortung in anfangs kleinen und später größeren Fragen übernehmen kann, desto leichter wird es später, die Loslösung vom Elternhaus und die Übernahme eigener Verantwortung zu vollziehen.

Auch in den Geschichten von Ronja Räubertochter und Fliegender Stern verläuft der Prozess des Erwachsen-werdens trotzdem nicht immer undramatisch und einfach.

Lovis und Mattis sind wahrlich keine perfekten Eltern, Ronja keine Vorzeige-Tochter. Sie zieht alleine in den Wald, in die Bärenhöhle, wo sie ohne die Fürsorge ihrer Eltern selbst für ihr Essen und ihren Unterhalt sorgt. Es dauert lange, bis sie sich mit ihrem Vater versöhnt, mit dem sie sich ernsthaft zerstritten hat.

In der Stammeskultur der Indianer gelten klare Regeln und Guter Jäger und Sonne-über-dem-Weg sind strenge Eltern. Fliegender Stern genießt die Geborgenheit in der Gruppe der kleinen Kinder, bis er nach einer Mutprobe von den Großen aufgenommen wird. Er bekommt sein Pferd aber erst, als er tatsächlich alleine aufsteigen kann, so lange gilt es zu üben (siehe Seite 101). Da gibt es keine Mogelei, kein Schummeln, um Fähigkeiten vorzutäuschen, die noch nicht da sind.

Vertrauen ...

Vertrauen wir. Vertrauen wir den Kindern, ihren Fähigkeiten, Lebensfreude zu genießen, Gefahren zu überstehen, eigene Wege zu gehen. Ronja und Fliegender Stern dürfen ihren eigenen Weg gegen elterliche Ratschläge und Widerstände suchen und finden. Nicht immer zur Freude ihrer Eltern. Aber gerade in dieser Auseinandersetzung können sie ihre eigenen Möglichkeiten entdecken und ihre individuelle Spur finden.

Vertrauen wir dem innersten Wesen des Kindes und seiner Entdeckerfreude. Und erlauben wir uns, das Abenteuer Wachstum mit ihnen zu genießen. Begleitend, wachsam und ein wenig vorausschauend, – ohne einengend und besserwisserisch zu werden, als aufmerksame Dialogpartnerinnen im ständigen weitergehenden Entwicklungsprozess.

Mit jedem Schritt eines Kindes können auch wir die Welt neu entdecken, unsere eigene Lebendigkeit neu spüren und eingefahrene Muster aufbrechen. Auch unser inneres Wachstum erhält neue Impulse, wenn wir uns auf den gemeinsamen Weg mit Kindern einlassen. Wenn wir mit ihren Augen lernen, die Welt neu zu sehen: die kleinen Dinge am Wegrand und die großen Träume für eine unbekannte Zukunft.

Die Möglichkeiten von morgen

Kinder sind den Möglichkeiten von morgen immer einen Schritt näher. Wenn wir lernen, ihnen zuzuhören, sie zu begleiten, mit ihnen gemeinsam die neuen Möglichkeiten der Welt von morgen zu entdecken, finden wir auch neue Chancen für uns selbst und für unsere Entwicklung.

... und die eigenen Möglichkeiten

Eltern wird durch ihr Elternsein eine neue Chance geboten. Sie können ihre eigene Persönlichkeit gemeinsam mit ihren Kindern weiter entwickeln, sie können sich selbst entdecken, während sie die Stärken ihrer Kinder entdecken und deren Entwicklung unterstützen. Der Philosoph und Religionswissenschaftler Martin Buber[91] bezeichnete diese „Charaktererziehung" als notwendige Aufgabe, die den Erziehenden gestellt ist, die, indem sie ihre Kinder erziehen, sich selbst erziehen. Und in der Tat benötigen Eltern ein gutes Selbstgefühl, um ihren Kindern ein für deren Entwicklung so notwendiges Gefühl zu vermitteln: das Gefühl, bedingungslos – mit allen Fehlern und Schwächen – geliebt zu werden. Denn Kinder sind in ihrem Entwicklungsprozess stark abhängig und angewiesen auf die Liebe und Akzeptanz der Eltern oder Bezugspersonen. Sie können von sich selbst nur gut denken, wenn sie merken, dass ihre Bezugspersonen gut von ihnen denken. Kinder, die diese bedingungslose Liebe erfahren haben, können nicht nur sich selbst, sondern später auch andere Menschen – mit Fehlern und Schwächen – leichter annehmen.

Sie lernen, für sich selbst einzustehen, denn auch im Alltag der Familie „müssen wir aktiv die Verantwortung für uns selbst übernehmen, um das zu bekommen, was wir brauchen."[92] Schuldzuweisungen helfen so wenig wie Rechthaberei, Perfektionismus ist ebenso hinderlich wie Gleichgültigkeit. Es geht nicht darum, Recht zu haben oder perfekt zu sein. *Unperfekt ist perfekter als perfekt* – denn es ist menschlich und lebendig. Wir Menschen genießen Lebendigkeit und blühen auf, wenn wir in verlässlichen Beziehungen aufwachsen. Zwischen der vermeintlichen Gewissheit – über den richtigen Weg – und der unvermeidlichen Ungewissheit – über die Möglichkeiten

---

[91] Martin Buber: Reden über Erziehung. Lambert Schneider. Gerlingen 1998, S. 65 ff

[92] Jesper Juul: Das kompetente Kind. 2000, S. 231

von morgen – liegt ein Ort des Wachstums, wo etwas Neues entstehen kann, wo Beziehungen wachsen und Entdeckungen gemacht werden können.

Die beste Basis für das Wachstum der Kinder bleibt die bedingungslose Liebe ihrer Eltern. Schwer und gleichzeitig wichtig ist, dafür nichts zu erwarten. Vielleicht ist das die Voraussetzung für das Gelingen der Beziehung, wie es der persische Sufi-Meister Hafis in einem Gedicht zum Ausdruck bringt.

Was die Sonne nie sagt

Selbst
Nach all dieser Zeit
Sagt die Sonne nie zur Erde:

„Du stehst in meiner
Schuld."

Schau,
Was eine solche Liebe bewirkt –
Sie erleuchtet
Den
Ganzen
Himmel.

Hafis [93]

Hafis lebte von ca. 1320 bis 1389 in Schiras, im heutigen Iran. Für weltliche und geistliche Obrigkeit war er ein spiritueller Rebell: Er war überzeugt, dass es eine Gotteserfahrung auch ohne Mittler geben kann. Im Iran sind seine Bücher fast so häufig in jedem Haus zu finden wie der Koran.

---

[93] Hafis: Die Liebe erleuchtet den Himmel. Patmos Verlag. Düsseldorf, Zürich 2002, S. 66

Literatur

Sachbücher

Assagioli, Roberto: Schulung des Willens. Methoden der Psychotherapie und der Selbsttherapie. Junfermann. Paderborn 1991

Beiner, Friedhelm (Hrsg), Korczak, Janusz et al: Das Recht des Kindes auf Achtung. Fröhliche Pädagogik. Gütersloher Verlagshaus, Gütersloh 2002

Bergmann, Wolfgang: Warum unsere Kinder ein Glück sind. So gelingt Erziehung heute. Beltz. Weinheim, Basel, Berlin 2009

Bergmann, Wolfgang, Hüther, Gerald: Computersüchtig. Kinder im Sog der modernen Medien. Walter Verlag. Düsseldorf 2006

Bettelheim, Bruno: Ein Leben für Kinder. Erziehung in unserer Zeit. Beltz. Weinheim, Basel, Berlin 2003

Bohm, David: Der Dialog. Das offene Gespräch am Ende der Diskussionen. Klett Cotta. Stuttgart 1998

Buber, Martin: Das dialogische Prinzip. Lambert Schneider. Gerlingen 1992

Buber, Martin: Reden über Erziehung. Lambert Schneider. Gerlingen 1998

Cohn, Ruth: Es geht ums Anteilnehmen. Die Begründerin der TZI zur Persönlichkeitsentfaltung. Herder Verlag. Freiburg im Breisgau 2001

Csikszentmihalyi, Mihaly: Flow. Das Geheimnis des Glücks. Klett-Cotta. Stuttgart 1995

Czisch, Fee: Kinder können mehr. Anders lernen in der Grundschule. Antje Kunstmann. München 2007

Dreikurs, Rudolf, Soltz, Vicki: Kinder fordern uns heraus. Wie erziehen wir sie zeitgemäß? Klett-Cotta. Stuttgart, 1966, 17. Aufl. 2010

Elschenbroich, Donata: Weltwissen der Siebenjährigen. Wie Kinder die Welt entdecken können. Goldmann. München 2001

Frankl, Viktor E.: ... trotzdem Ja zum Leben sagen. Ein Psychologe erlebt das Konzentrationslager. Kösel-Verlag. München, 2011

Gaschler, Frank und Gundi: Ich will verstehen, was du wirklich brauchst. Gewaltfreie Kommunikation mit Kindern. Kösel. München 2007

Gebauer, Karl, Hüther, Gerald (Hrsg): Kinder brauchen Spielräume. Perspektiven für eine kreative Erziehung. Walter Verlag. Düsseldorf und Zürich 2003

Gebauer, Karl: Klug wird niemand von allein. Kinder fördern durch Liebe. Patmos Verlag. Düsseldorf, Zürich 2007

Glöckler, Michaela: Macht in der zwischenmenschlichen Beziehung. Mayer. Stuttgart, Berlin 1997

Gordon, Thomas: Die neue Familienkonferenz. Kinder erziehen ohne zu strafen. Heyne. München 2008

Gruen, Arno: Der Verlust des Mitgefühls. Über die Politik der Gleichgültigkeit. dtv. München 1999

Guttenhöfer, Peter: Rettet die Kindheit, Memorandum für eine elementare Handlungspädagogik. Unveröffentlichtes Manuskript

Hafis: Die Liebe erleuchtet den Himmel. Patmos Verlag. Düsseldorf, Zürich 2002

Hartkemeyer, Johannes F. und Martina, Freeman, Dhority: Miteinander Denken – Das Geheimnis des Dialogs. Klett-Cotta. Stuttgart, 5. Aufl. 2010

Hartkemeyer, Johannes F. und Martina: Die Kunst des Dialogs. Kreative Kommunikation entdecken. Erfahrungen, Anregungen, Übungen. Klett-Cotta. Stuttgart 2005

Hodgkinson, Tom: Leitfaden für faule Eltern. Rogner & Bernhard. Berlin 2009

Hüther, Gerald: Bedienungsanleitung für ein menschliches Gehirn. Vandenhoeck und Ruprecht. Göttingen 2001

Hüther, Gerald: Die Macht der inneren Bilder. Wie Visionen das Gehirn, den Menschen und die Welt verändern. Vandenhoeck & Ruprecht. Göttingen 2011

Hüther, Gerald, Hauser, Uli: Jedes Kind ist hoch begabt. Die angeborenen Talente unserer Kinder und was wir aus ihnen machen. Knaus-Verlag. München 2012

Juul, Jesper: Das kompetente Kind. Rowohlt. Hamburg 2000

Juul, Jesper: Nein aus Liebe. Klare Eltern – starke Kinder. Kösel. München 2006

Juul, Jesper, Helle, Jensen: Vom Gehorsam zur Verantwortung. Walter. Düsseldorf, Zürich 2009

Kahl, Reinhard: Treibhäuser der Zukunft. Wie in Deutschland Schulen gelingen. Film mit Kommentar 2004

Mol, Justine: Aufwachsen in Vertrauen. Erziehen ohne Strafe und Belohnungen. Gewaltfrei miteinander leben. Junfermann. Paderborn 2008

Napier, Augustus Y., Whitaker, Carl A.: Die Bergers – Beispiel einer erfolgreichen Familientherapie. Rowohlt. Reinbek bei Hamburg 1982

Pfeiffer, Christian et al: Die PISA-Verlierer – Opfer ihres Medienkonsums. Studie des KfN. Hannover 2007

Precht, Richard David: Wer bin ich – und wenn ja, wie viele? Goldmann. München 2007

Rogge, Jan-Uwe: Der große Erziehungsberater. Rowohlt. Reinbek bei Hamburg 2003

Rosenberg, Marshall: Gewaltfreie Kommunikation. Eine Sprache des Lebens. Junfermann. Paderborn 2000

Senge, Peter et al: Das Fieldbook zur Fünften Disziplin. Klett-Cotta. Stuttgart, 4. Aufl. 2000

Schiffer, Eckhard: Warum Huckleberry Finn nicht süchtig wurde. Beltz. Berlin 1999

Schopp, Johannes: Eltern stärken. Die dialogische Haltung in Seminar und Beratung. Ein Leitfaden für die Praxis. B. Budrich. Opladen und Farmington Hills 2010

Schwarzer, Alice: Die Antwort. Kiepenheuer & Witsch, Köln 2007

Spitzer, Manfred: Lernen. Gehirnforschung und die Schule des Lebens. Spektrum. Heidelberg 2002

Steiner, Therese, Berg, Insoo Kim: Handbuch Lösungsorientiertes Arbeiten mit Kindern. Carl-Auer-Verlag. Heidelberg 2005

Soremba, Edith-Maria: Legasthenie muß kein Schicksal sein. Herder Verlag. Freiburg im Breisgau 1995 © Edith-Maria Soremba

Valentin, Lienhard: Mit Kindern neue Wege gehen. Arbor Verlag. Freiamt 2005

Vinzens, Albert (Hrsg): Lasst die Kinder spielen. Wie das Spiel den Menschen bildet. Verlag Freies Geistesleben. Stuttgart 2011

Weber, Andreas: Auf die Bäume. In: Der Spiegel – Wissen. Die Kunst der Erziehung, Nr. 3, 2011

Wild, Rebecca: Lebensqualität für Kinder und andere Menschen. Erziehung und der Respekt für das innere Wachstum von Kindern und Jugendlichen. Beltz Taschenbuch. Weinheim und Basel 2001

Zimmer, Renate: Toben macht schlau! Bewegung statt Verkopfung. Herder. Freiburg im Breisgau 2004

Zum Vor- und Selberlesen

Cianciarulo, Daniela und Isabella: Opa Henri sucht das Glück. Annette Betz. Wien 2008

Ende, Michael: Momo. © by Thienemann Verlag (Thienemann Verlag GmbH), Stuttgart/Wien. www.thienemann.de

Fährmann, Willi: Der überaus starke Willibald. Arena-Verlag. Würzburg 1983

Gibran, Khalil: Der Prophet. Aus dem Englischen übersetzt von Karin Graf © Patmos Verlag der Schwabenverlag AG, Ostfildern 2011. www.verlagsgruppe-patmos.de

Hafis: Die Liebe erleuchtet den Himmel. Patmos Verlag. Düsseldorf, Zürich 2002

Lindgren, Astrid: Ronja Räubertochter. Oettinger Verlag. Hamburg 1982

Mandela, Nelson: Long walk to freedom, Abacus. London 2000

Obama, Barack: Ein amerikanischer Traum. Die Geschichte meiner Familie. dtv. München 2004

Preußler, Otfried: Der Räuber Hotzenplotz. Thienemann Verlag. Stuttgart, 21. Aufl. 1973

Rilke, Rainer Maria: Lektüre für Minuten. Gedanken aus seinen Büchern und Briefen. Ausgewählt von Ursula und Volker Michels. Insel Taschenbuch 1879. Insel Verlag Frankfurt a. M. und Leipzig 1996.

Schroeder, Bernd: Auf Amerika. Carl Hanser Verlag. München 2012

Terzani, Tiziano: Das Ende ist mein Anfang. Ein Vater, ein Sohn und die große Reise des Lebens. Goldmann. München 2008

Wensell, Paloma und Ulises: Bobo und sein kleiner Bruder werden Freunde. Ravensburger Buchverlag. Ravensburg 2000

Ursula Wölfel: „Fliegender Stern" © by Thienemann Verlag (Thienemann Verlag GmbH), Stuttgart/Wien. www.thienemann.de

Wötzel, Rudolf: Über die Berge zu mir selbst. Integral Verlag. München 2009

Die Autorinnen

Martina Hartkemeyer, geb. 1957, Dipl. Biologin, Dr. rer. pol., leitet seit 20 Jahren das Institut für Dialogprozess-Begleitung der Adolf-Reichwein-Gesellschaft, Bramsche, und ist als Ausbilderin für Dialogprozess-Begleitung international tätig (www.dialogprojekt.de).

Sie wohnt seit über 30 Jahren auf Hof Pente mit heute über 20 Menschen aus drei Generationen, davon acht Kindern.

CSA Hof Pente (Community supported agriculture) ist inzwischen als Gemeinschaftsgetragener Hof mit 250 Mitgliedern organisiert (www.hofpente.de).

Sie ist Mutter von vier erwachsenen Kinder und Oma von neun Enkelkindern.

Margret Schütte, geb. 1956, arbeitet seit 1985 als Grundschullehrerin und seit 2004 als systemische Beratungslehrerin. Sie ist ausgebildete Dialogprozess-Begleiterin und hat mit drei weiteren Kolleginnen das „Elternforum Ibbenbüren – Wir machen uns stark für starke Kinder" gegründet, das Eltern die Möglichkeit zum Austausch über Erziehungsfragen bietet. Für die Elternkurse hat sie auch Moderatorinnen ausgebildet.

Sie ist Mutter von drei erwachsenen Kindern (Thorsten †) und Oma von drei Enkelkindern.

Die Autorinnen kennen sich seit ihrer gemeinsamen Schulzeit.

***Danke*!**

Dankbarkeit ist eine Quelle von Lebensfreude und wir freuen uns gerne!

Wir sind vielen Menschen dankbar, die zu diesem Buch beigetragen haben:

Besonders unseren Kindern und deren Kindern, die uns zum Nachdenken über Er-ziehung und Be-ziehung angeregt haben und die uns erlaubten, ihre Fotos und Geschichten zu verwenden.
Und natürlich auch den großen und kleinen Freunden, deren Entwicklung wir ein Stück weit begleiten und davon erzählen durften.

Ein großes Glück war für uns das Engagement von Lienhard Valentin und Ursula Steimer vom Arbor-Verlag und insbesondere die Hilfe unserer Lektorin Barbro Garenfeld, die sich konstruktiv und mit sehr viel Einsatz und Umsicht mit unserem Konzept auseinandersetzte.
Die Geduld und der Blick fürs Wesentliche von Franz-Josef Büning haben dem Inhalt eine ansprechende Gestalt gegeben.
Danke für diese hilfreiche Unterstützung!

Und nicht vergessen möchten wir ein Danke-schön an unsere Eltern, denen wir viele glückliche Momente in unserer Kindheit zu verdanken haben, besonders unseren Müttern, die inzwischen als Urgroßmütter von vielen Urenkeln geliebt werden.